夜
衝

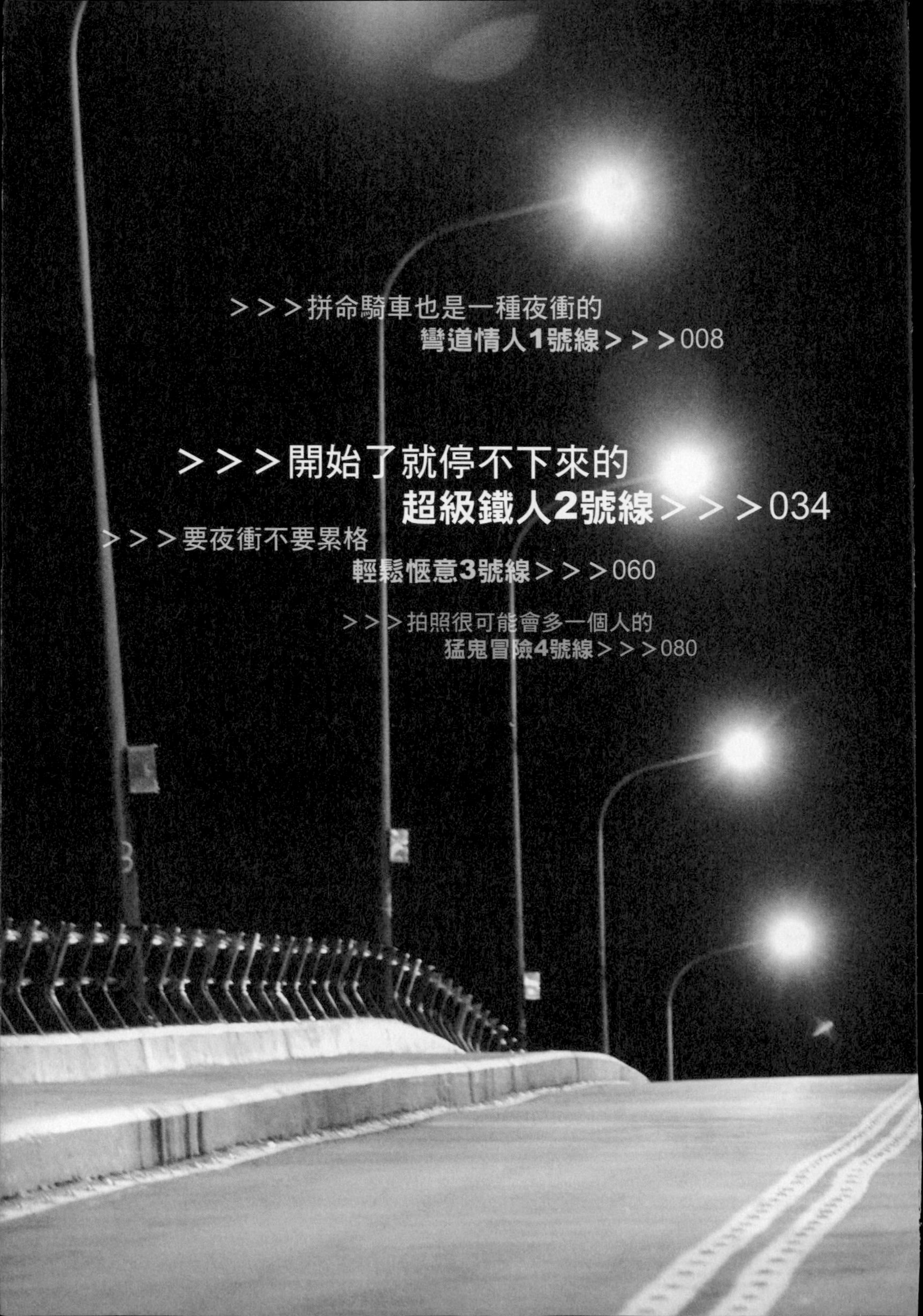

自由發揮是個自我感覺良好、
照鏡子會以為是別人的團體。

每天隨時都能上演一場戲，
不需要有演員的身分，想到什麼就來上一段。

夜衝，
需要把這樣的理念放在心中，
要說自HIGH也好，
要是HIGH不起來也沒關係，
畢竟也是可以冷靜的夜衝，
沉澱一下心靈，
但可千萬不要是DOWN的。

不然何不待在家睡覺就好？

對阿！
為什麼我們不能把睡覺排進夜衝的行程裡？

怎麼樣？我們是自由發揮

就是要夜衝>>>

34.2KM

拼命騎車也是一種夜衝的
彎道情人1號線＞＞＞

如果你選擇這條，需準備的東西可能有：
1嗨咖朋友，至少要會唱「音浪太強，不晃會被撞到地上…」
2柔軟的椅墊+筋骨散
3不具危險性又不擾民的大隻仙女棒（正確學名：如意棒、金鋼棒）
4銅鑼或是叭逿（會發出極大聲響避免騎車騎到睡著）
5泳褲（或免洗內褲供替換，但不能下水！因為絕對會曝光！）

12：29AM｜九份小鎮

05：11 AM｜基隆101平台

06：21AM｜深奧電廠晨泳

24.7KM

8.5KM

3.9KM

08 : 00PM

1-1相揪作伴去夜唱

HIGH到爆，哭到死恐怕是唱KTV最好的詮釋了，這種大起大落大喜大悲的活動，非常適合調整心肺功能，對於高血壓，精神官能症都有良好的效果。而且在唱歌的過程中，可以卸下所有的心防盡力的表現自己，之後再戴上安全帽，跨上摩托車，你會發現你的人生已經不一樣了！享受這催促油門的感覺，奔馳在台北的街道，任冷冷的冰雨在臉上胡亂的拍，我們認真的覺得「背影」很像朱自清！喔不！是劉德華啦！！

　　和朋友來到KTV除了唱歌、聊天、吃東西外，難道沒有新玩法了嗎？
大家一定有誤闖過別人的包廂吧？！是不是有過出去拿完食物後，就忘記自
己原先的包廂的經驗？在這裡自由發揮提供的辦法是：

1.把耳朵貼在門上，一間一間的聽有沒有熟悉的破音聲。

2.如果發現開錯門，就厚臉皮的加入他們吧！也許會有意想不到的因緣也說
不定！

3.拜託你就記好以後再走出去吧！或是讓服務生記得你是從何而來的……也
許該在身上別上「我是2046包廂的客人」這般的識別證。

　　除了不小心忘記自己的包廂是哪間，一定也有人故意忘記的吧？嘗試一下假扮服務生，衝進正妹包廂？自由發揮的特點之一就是「樂於闖入別人的人生」，嗯！應該說別人的包廂才對，而且沒有給人選擇的權利，是帶點強迫意圖的。

　　手上拿著幾瓶啤酒，用極度欣喜若狂的肢體語言，配上露出脣紅齒白的燦爛笑容，打開某間包廂然後高唱：「祝你生日快樂……」通常會得到不錯的回應，有一半的機會大家會舉起酒杯，高聲地回應：「生日快樂！」但到底是誰生日阿？誰知道！沒有人知道！但其實那並不太重要。對了！在此提醒唱完歌要繼續夜衝的人請不要喝酒，更何況唱歌最佳飲品是膨大海啊。

10：39PM

1-2菁桐火車站

平溪線的終點站菁桐，來到這裡對過去採集煤礦的
盛況有些無法相連，反倒被火車站巷口處販賣的雞捲給吸
引了，澄黃酥油的色澤我們忍不住買了一盒，坐在碳烤山
豬肉的鐵捲門前嗑起來，好吃！往車站的途中看到老舊煤
炭車頭及屋頂上掛滿了許願竹筒，我想不只是自由發揮，
身為人的我們難免都會有探人隱私的壞習慣，於是我們很
認真的審視起「別人的心願」──「期末考 ALL PASS」、
「希望和寶貝在一起一輩子！」……看到好多真切而細微
的祈求。夜衝的人最需要平安，所以勢必要在這裡寫個許
願竹筒祈福一下，可是阿達居然認真的寫下：

「如果我瘦不下來，就讓我周遭的人都胖起來吧！」
「這樣一來，我就沒有變胖的壓力了⋯⋯」阿達説。

　　雖然今天不是元宵節，但老街上到處都在賣天燈，如果不放一下好像沒來過這裡，老闆熱情的叫賣，如果不放一下好像世界就要毀滅一般……自由發揮當然不敢賭上自己的未來，所以買了天燈，也寫下了心願。

　　「能夠原諒別人，也能原諒自己。豐富的生活、足夠的物質」──伯恩
　　「不要破跟飛高高」這是替天燈本身許下的願望，這個要是實現了，我們的希望達成的機率就大點了不是嗎？！」──阿達
　　「家和萬事興、夜衝平安」這太重要了！來了一定要許的！──阿達
　　「自由發揮的唱片大賣一下！書也是噢！」──伯恩

　　所以說，天燈是一面鏡子阿！如此透明的把內心想的期待都投射出來，這真是一個坦承的機會。喜歡誰、希望什麼，都一點一滴的寫下來，崇拜朝聖，無盡的期待……

自由發揮
唱片賣一下!!
阿老師脾氣好!
女兒又乖又可愛

放天燈的步驟教學

　　首先你必須要先購買一個天燈，除非你可以自己做得出來。

　　然後把天燈攤開（因為它原本皺皺的放在塑膠袋裡），把該準備的東西都準備好（就是你買到的一個天燈組合，你需要把它們都拿出來），寫下大家的心願！

　　要是這時候發現沒有帶筆，請務必手刀奔跑去找老闆借，但極有可能沒有水，所以使用口紅也是一個選擇（如果你有帶女伴、或者自己本身……）

　　「這時候垃圾掉進去呢？」阿達。

　　「除非是你掉進去，那就再去買一個新的！」伯恩。

　　「天燈也是會被撐破的！」阿達。

　　把天燈組裝完成，溫柔地將它拿到空地。你不會希望把天燈放到天花板上的！

　　抓好天燈的邊邊角角，點火、但不要放手！

　　等到天燈鼓起來，輕輕地放開，天燈就會開始越飛越高～

夜衝必備：煙火、仙女棒

「小時候有過被煙火還是鞭炮炸到的經驗，通常點燃的那一刹那，總是莫名的驚慌失措、亂了手腳，曾誤把打火機丟出去，反而把煙火抓在手裡，碰的一聲，就會看見手心裡冒出一團火花，實在是個痛到令人印象深刻的美麗。」──阿達

即使有過這種慘烈的回憶，但在如此夜深人靜的情境下，沒有煙火還是仙女棒相襯，就好比皮蛋一定要配豆腐般的絕配，少一樣都不對味。所以說，事前準備一些讓旅程更加美好的裝備是非常重要的！但一定要強調的是，被仙女棒噴到真的挺痛的！好孩子請勿模仿！

　　有鐵軌，不會是想要臥軌吧？除了成龍之外的人可千萬不要嘗試！應該說，就會忍不住想要沿著走，這是什麼道理自由發揮也想不透……但火車來了可就不浪漫了，旁邊的招牌明文規定，這個鐵軌除非你是火車，否則是不能走的。但夜衝的時候，我們都知道，除了我們，大家都睡了、乘客睡了、司機睡了，好吧……火車睡了！在安全的情況下走一走，體驗那種特別的情懷，的確也是不可或缺的美好經驗阿。

　　如果你和朋友正處於曖昧不明的關係……千萬要把握月光下、鐵軌上這個太浪漫不過的機會——嘻嘻哈哈打鬧，兩個人相望，一方面是說要專心看穿對方的行為啦，但其實是要趁機好好的用眼睛放電一下，你推我、我推你，真是太兩小無猜了，在此鄭重表示：自由發揮無法從事這樣的行為！

菁桐火車站｜台北縣平溪鄉平溪村45號｜02-24951510

1-3九份小鎮

　　話說九份在清領時代，因為村落住了九戶人家，所以外出到市集購物，每樣都需要「九份」，後來九份就成了村落的名字，也就是說，那自由發揮的家應該叫做「兩大碗」，因為什麼都要兩大碗麵、兩大碗飯。

　　九份多雨，飄盪著許多詭譎驚悚的鬼故事，大概也跟這種雲霧繚繞的氣象有關，天氣陰霾又朦朧的氛圍下，加上老屋子、墓地總能造就出恐怖駭人的傳說，而在深夜的九份可不比假日的洶湧人潮，空空盪盪不說，細微的貓叫聲陣陣，加上黃色的光照灑落，整排高掛的大紅燈籠，該說是應景嗎？不時安插在店家門前的鬼臉，記憶中流傳的鬼故事，喝杯茶，都覺得是寒風吹來，有夠驚悚……

　　換種心態，要是今天帶著「九份是個美麗小鎮」這般
的情緒，那你肯定會覺得這時候的九份太美了，寧靜的夜
色、可愛的小貓咪穿梭、紅色燈籠排列延展，溫暖柔和的
光芒浪漫極了，古色古香的展現九份純樸的一面，微風吹
過都覺得舒爽涼快許多⋯⋯

　　自由發揮來到這裡，就用夜景當配料，喝口芳香的茶
飲、聊個小天、玩些遊戲，一方面提振一下精神，另一方
面讓大家都沉浸在歡愉的氣氛中，盡情體驗這個難能可貴
的美好經驗。

阿妹茶樓｜台北縣九份崙文里市下巷20號｜02-2496 0822

基隆101平台看日出

夜衝到了後半段，臉真的會有點綠，此時絕對需要美麗的風景提振一下身心，或是站到了一個高處讓風給吹醒，時間差不多，就是時候找個地方等待日出了。

太陽才剛從海上升起，淡橘色的光慢慢的爬上土丘，海面上閃耀著波光，吵雜的聲音都不得不靜謐了，光線打在我們身上，地面探出兩個身影，夜衝完的恍惚，望著陽光乍現，天光由靛藍轉為橘紅光彩變換的畫面，讓我們有種下巴掉到地上都撿不起來的驚嚇，一種強烈襲捲而來，音樂人就該立刻寫出一首感人的歌，但此時我們一首也哼不出來，內心所有的澎湃與激動，換成語言居然只有一個「幹」字，幹！我們真低俗。

面對美景衝擊，腦子又不得不想到一個畫面──「白襯衫透出肌肉的線條，胸前的釦子全開，頭微抬向上45度角，讓光線漸漸爬滿全身，風吹動襯衫的衣角，腹肌就會若隱若現……」在一旁做運動的阿姨們都被這道閃亮生物的光芒給迷倒了，就是一個帥吧！但……大概因為不是彭于晏或何潤東，而是「自由發揮」的關係，阿姨們只自顧自的做著擺手運動，絲毫不受影響，雖然偶爾會掉拍，或是完全不在拍子上，但看得出來在這片依山傍水美景的環繞下，自在愜意的做個早操實在是件有益身心的運動，非常非常適合夜衝到天明的朋友們，請千萬要跟著阿姨們的步驟，甩手、甩頭、扭屁股，大家一起動一動！

1-5深澳電廠晨泳

不用專程跑去大堡礁當島主，在深澳電廠這個秘密基地就可以不受拘束的享受當島主的快感，雖然它就只是一塊龐大的岩塊……有時靠想像力來填補不足的缺憾也是一種自娛娛人的超能力，所以想當就來當吧，完全不會有搶破頭的事情發生，只是一次來太多人可能會沒地方站就是了……

「這裡的風景太適合拿著絲巾慢步奔跑了，那個畫面我就像郭靜純和田麗一樣，太唯美了！」
「不說還以為這裡是馬爾地夫，真是美麗的岬角什麼的！」

天哪！這不是台灣吧？！我們衝到哪裡了阿？？
我們可以一起在這裡玩光影變化的遊戲，一起比個愛心，或是靠在一起抱一下、親一下……

「阿達！不要靠我那麼近！」

　　此時，我們走到大堡礁的另一個仙境……
　　李伯恩亢奮的脫到只剩一條內褲就要跳了，我內心實在有點擔憂，畢竟自由發揮才剛開始發揮，總不能在一開始就只剩下一個團員吧？我也只能擺出無奈的表情，沉著冷靜並默默地看待並回應這一切……

　　「阿達下來、阿達下來！」
　　「不能讓我冷靜的待在這邊嗎？」
　　「阿達下來、很安全啦！」
　　「可以讓我一個人在這邊嗎？」
　　「阿達下來！很舒服啦～」
　　「可以讓我一個人平靜的呆在這邊不要吵我嗎？為什麼一定要影響我的人生阿？」

拚命游走也是一種疫而出的 與尊情人1號線>>

伯恩的跳水教學：

這個水大概一米六、一米七 ……不到一米八吧，可以游泳但是跳水好像真的危險了，這裡應該註記適合游泳，但跳水可能需要有點技巧，「在腳尖接觸水面的時候，要輕輕把膝蓋往身體一縮，緩衝一下下墜的瞬間，或是先拿根木杆測測水深吧！」

備註：
1跳水是門藝術阿！要跳的朋友千萬小心。很多地方都不深，可不要咻的一聲就跳下去，後果請……自由發揮。
2沒帶泳褲只好穿著內褲下水的狀況，請注意內褲顏色碰水後的透明程度。
3女生跳水時請注意！如果妳穿比基尼當一接觸到海水到剎那間，會離開妳的不只是比基尼，還有可能包括妳的尊嚴！切記～

09：14PM｜士林夜市

11：29PM｜陽明山情人坡

11.3KM

開始了就停不下來的

超級鐵人2號線＞＞＞

如果你選擇這條，需準備的東西可能有：
1強力電源手電筒
2濕紙巾（避免踩到牛屎）
3銅鑼或是叭逋（會發出極大聲響避免騎車騎到睡著）
4準備事後去行天宮收驚

04 : 04AM | 夜遊石門鄉海灣新城

22.3KM

03 : 10 AM | 夜泡冷水坑

01 : 11AM | 夜遊⋯⋯

1.3KM

7.5KM

夜衝最需要的就是體力，尤其像自由發揮這種稍嫌「壯碩」的身形，餓著了可就動不了，所以第一站就先衝去士林夜市補充補充，夜市美食最能讓人心滿意足，常會有柳暗花明又一村的驚喜，建議大家以T-shirt下漸凸的幅度，來判斷飽足與否，但光看我們喜樂的表情溢於言表，就知道太滿足了！

「牛排一定要拿起來跟臉比一下。」
「要是臉比牛排大實在開心不起來。」
「這很危險，要是這樣就吃飽了就糟了。」

士林大香腸更是不能錯過，它都說它是來自士林了，怎麼可以不和它碰個面？
「真的超級大！」
「你放在臉旁邊就是覺得怪怪的！」
「自由發揮要強調，所謂的碰面並不是把食物拿來碰自己的臉。」

最好要邊走動才能幫助消化，消化之後才有空間再放入更多的食物，因為今天是為了美食而來，我們只好放棄玩樂還有採買的部分，要是能夠同時進行那就太美好了，簡直就是天堂！
「什麼都來一點，錯過可惜。」
「根本就自以為是美食節目出外景。」
「應該要打包一些應付接下來的行程。」
「我相信我們不會讓自己餓到的。」

　　當我們舀起一大塊花枝的時候，眼角餘光正好瞄到隔壁桌，兩個日本女孩竟然油飯搭配啤酒，這是一個在地的組合還是外來的融合？！是因為找不到清酒吧？這可勾起自由發揮愛作國民外交的本性，立刻跟老闆加點一碗花枝羹，親自捧到兩位女孩面前，用破爛的英日語夾雜，努力介紹台灣在地美食，並試圖展現紳士般的親切，最後換得兩個甜美的笑容跟合照的機會，只能說，花枝羹大成功啦！

　　我們最愛的鼎邊銼，是由在來米磨成米漿，沿著大鍋鼎邊滾下，這個滑滾的動作就叫銼，加上肉或是蝦、金針、香菇、木耳、竹筍、高麗菜等等有的沒的，依照不同的店家會有不同的搭配方式，內容豐富到驚喜不斷，湯好料多，一碗下肚就心滿意足。但也因為它的變化真的太多了，所以千萬要仔細觀察，看看這家店的組合是不是令你滿意的。

　　說到必吃美食，有一個很大的主因是：大家都在賣，當前後左右都被蚵仔煎給包圍時，你真的會喪失拒絕它的能力。

　　蚵仔煎美味程度的依據，絕對必須仰賴飽滿肥嫩的蚵仔，再來就是蛋與麵粉糊要十足的融合在一起，千萬不能出現整口只吃到麵粉糊的情況，最後放上新鮮的小白菜，煎到又脆又嫩後快速上桌，然後被我們快速下肚，要是有其中之一不合格，那真的是無論醬料多好吃都解救不了整盤的蚵仔煎。

　　來到士林夜市不只要嘗試「蚵仔煎」，最好是連「花枝煎」、「蝦仁煎」、「蛋煎」都品嚐看看，最好吃又最喜歡的那個，就會成為你來士林夜市的必吃美食了。

2-2陽明山情人坡

衝到陽明山，在仰德大道是相當需要高超技術的，但也一定要小心超速照相，來到了情人坡就是文化大學的後山啦！斜坡向下和閃耀的夜景相接，台北的美麗在眼前一覽無遺，讓城市的喧囂都沉寂在腳下，真是太BEAUTIFUL了！但此時此刻，我們兩個羅漢腳要享受的是置身事外，畢竟現在自由發揮只能擁有彼此，只好一直找人攀談，好巧不巧遇到一位黑色衣服的同學是今天的壽星，在他旁邊是他的同班女同學，但當我們開玩笑問女同學說：「妳知道他的心意嗎？」他們竟然給我相視靦腆而笑！太浪漫了～自由發揮希望他們當天就在一起！

「情人坡不是浪得虛名，真的到處都是情人！」
「想找落單的女性都找不到。」
「你確定這時候會落單的女性是人嗎？！」
「我們在情人坡，卻沒有女朋友。」
「為什麼這時候身邊的人是你阿？」

「問問看四周一定都沒有文化的學生阿。」
「為什麼？」
「因為文化大學的學生不會留在自己的學校看夜
景！」
「委屈他們的人生幾分鐘聊聊。」
「好像真的很打擾他們。」
「而且大家一直迴避我們的眼神。」

　　台灣聰明貼心的精神，總會在各種景點提供了最完整
的服務～瞧！旁邊就有一間碳烤，老闆又親和，自由發揮
相當推薦烤雞腿！而且告訴大家一個小心得，就是老闆稟
著吃果子拜樹頭的信條，所以只要是文化大學的學生就會
多送你兩串甜不辣喔！

「這香腸烤得恰到好處，一咬下油脂就散佈開來。」
「還有烤雞腿更是極品，鮮嫩多汁根本就是從餐廳端
來的！」
「所以烤香腸其實刺激的是口水，不是創造愛的氛
圍。」
「也對，因為看完夜景卻像走出燒烤店的感覺」。

開始了就停不下來的 超級鐵人2號路線＞＞＞

自由發揮教學：陽明山的彎道情人

「很久沒騎山路的時候，會有彎不過去的可能性。」
「但是不要害怕你其實是過得去的。」
「所以當你彎不過去的時候，該怎麼辦？」
「就找個地方休息一下，或是用較低的時速過彎。」
「畢竟我們都不是藤原拓海。」

「這個後山很有名的是李伯恩曾經用直排輪滑下去。」
「絕對不值得鼓勵！可以在後院滑但不是後山。」
「可見，我一遇到李伯恩就變成很溫和的人，因為我妥協在他的世界，
不然自由發揮就很容易揮發掉了。」

※ 騎山路最重要的是安全，嚴禁邊欣賞夜景，或邊打情罵俏。
※ 只要你有虔誠的信仰跟不要做壞事，你將不會看見跨時空的朋友。

01 : 11AM

2-3夜爬擎天崗

　　自由發揮：「牛隻不是用來點綴景色的，而是用來點醒你的。」

　　天有多藍、草有多綠，白天踏在遍佈草原上的擎天崗充滿愜意，透過芒草搖曳穿射的落日餘光，是擎天崗另一種面貌，至於黑夜籠罩後的擎天崗會是什麼模樣？所有的顏色都蒙上一層黑紗，半夜來這邊可以用舉步維艱來形容，原因是在伸手不見五指的空曠環境，還必須要小心腳下的黃金，這裡有的不是小小的黃金，而是大大大的一坨黃金！一旦中彈應該是整隻腳都會埋沒在其中，拔出來也不是放著也不是辦法。

「我覺得有異味。」
「是不是你踩到了啦！」
「我哪有啦！那個一踩到可不是只有沾到而已耶！」
「還是牛剛剛經過你身邊才大的？！」
「根本看不到前面的路。」
「應該帶拍戲用的探照燈來。」
「好在月亮亮得不像話。」
「要讓眼睛適應這個光線還有旁邊的牛群。」

　　擎天崗的牛應該是最不怕人的牛，牠們做自己的程度和自由發揮有得比，這種時候還真是嘴硬不來，畢竟腦海裡有被撞飛的西班牙鬥牛士，也真的不會想靠被撞飛來充新聞版面，那到底是要上娛樂版還是社會版？農牧版？

「還是靠過去好看看好了，只是要適時的收手。」
「那些牛還真是蠢蠢欲動。」
「是喝了牛的提神飲料吧？」

黑夜低光害的環境下，抬頭竟是漫天星斗，要不是月亮過於耀眼，應該能感受到被群星包圍的感受，但一邊的叢叢黑影千萬不能輕忽，要是牠們大刺刺的擋住去路，那真的放下該有的堅持，立刻和徐的轉身就走，還有一點要謹記在心，因為牠們本身是牛，所以倒在地上裝死是沒有用的。

在此自由發揮奉勸大家帶亮度、電力都超強的手電筒前往。

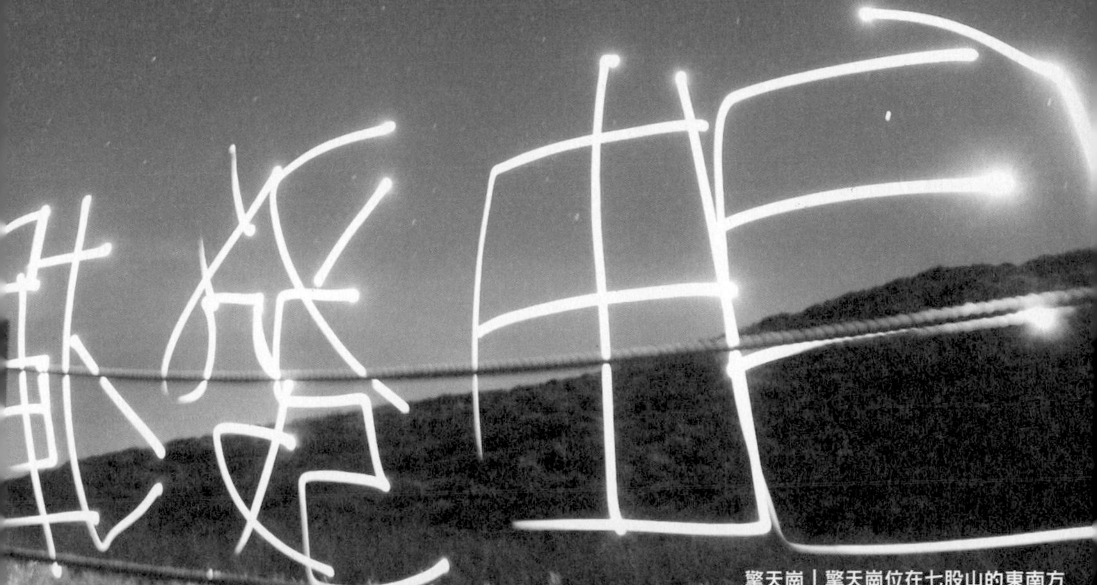

2-4夜泡冷水坑

來到冷水坑期待的是來泡泡腳，可以讓夜衝後混沌的身心清醒，但自由發揮發現，原本放置在外頭的小小泡腳池已經不在了，所以無法體驗在星空下泡腳的舒適感，這樣實在很可惜，因為此時恐怕就可以拆穿一些用鞋墊假冒一百八十公分的小滑頭！

陽明山國家公園在冷水坑建了兩棟小原木湯屋，讓人彷彿置身在日本湯屋一般，但不像日本有男女共浴，而是分成男湯、女湯，但這還是頗為讓人驚奇的，畢竟在騎完山路後突然地看到一群裸男裸女沒在害羞的也是頗為驚慌！不過這裡泡湯完全免費，喜歡泡溫泉和家裡停水的人一定要好好把握！

「幹嘛那麼迫不及待的就脫光？！」
「想說有天體營的感覺。」
「這個溫泉真的太舒服了。」
「夜衝到這裡會有到加油站加滿油的感覺。」
「但看到你裸體全身就覺得不對勁耶！」

自由發揮教學：關於冷水坑

　　冷水坑位於七星山東麓，介於擎天崗與夢幻湖之間，為山仔后通往擎天崗草原必經之地。冷水坑的溫泉因為溫度只有40℃左右，遠低於其他地區90℃以上的溫泉，所以被稱為「冷水坑」。

　　冷水坑的溫泉被公認為最接近人體體溫的溫泉，淡味無色，介於陽明山、馬槽兩大溫泉之間，竟然沒有那種厚重的硫磺味和顏色，接受度相當的高。

※可攜帶毛巾以及盥洗用品，就可以洗香香又神清氣爽的前往下個地點。

2-5夜遊石門鄉海灣新城

自由發揮：「人住的大廈，絕不是廢墟。」

　　來到三芝石門鄉，遙望海的那畔，有一整排被侵蝕斑駁的社區，原本這應該是令人稱羨的望海別墅，卻因為某些原因，沒落了。就像是恐怖電影中會出現的場景，尤其是在深夜，淒厲的狗鳴、昏黃的街燈，呼嘯而過的人車都會感到不寒而慄，加上網路上有種種關於這裡的靈異傳聞，說鬧鬼或是凶宅的流言甚囂塵上，既然如此可怕，我們應該就坐在海邊看著點點漁船呼應著點點星空，但自由發揮有李伯恩，就是「明知山有虎，偏向虎山行「。

　　但一定要強調的是，目前裡面還是有住戶的，因此我們也要替它正名「它是海灣新城，而不是新城廢墟！」

　　「狗叫聲聽起來蠻驚悚的！」

　　逐漸走近海灣新城，看見多了些店面，試圖在這裡做起生意，充分利用廢棄的空間。除了店面有整理過，以及幾戶依舊有住戶，其他地方都斑駁的嚴重，看不盡的黑，四周飄散著一種潮濕的霉味，風吹難免夾帶些許的寒意。

　　「不知道哪裡有路，這些都是一戶一戶的住家。」
　　「正中央那裡好像比較不一樣。」
　　「這間應該是管理室吧，看能不能進去看看。」
　　「那邊有人啦！就坐在那邊！」阿達瞬間寒毛直束。
　　「看到沒？！不會是只有我看到吧？！」
　　伯恩用手電筒的黃光打在管理員臉上。「真的超可怕的！誰會在這邊？！」
　　「你也有看到我就放心了。」

　　自由發揮走進管理室活生生被死氣沉沉的管理員嚇著，僵直的身形、慘白的臉龐，被手電筒的橘黃光源一照，驚嚇程度超過百分之百。

　　「有一男一女耶。」
　　「不開燈坐那邊是想嚇誰？」
　　「應該就是想嚇我們。」

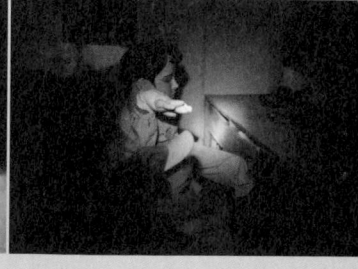

開始了就停不下來的　超級鍊人2號猻猻＞＞＞

　　一陣慌亂之後，背脊發涼到感覺得了僵直性脊椎炎，
發現兩位男女動都不動，也不會用飄的，定神一看才看出
那只是假人模特兒，不過毛毛的感覺還是爬滿全身，腳底
板發涼的感覺一點都不誇張。

　　當心情平靜下來之後，就會發現一切恐怖的感覺，好
像都來自手電筒的黃光亂照，還有腳底一直不經意踩到東
西後的聲響，自己嚇自己的程度居多，兩人開始做檢討。
　　「空屋率很高，就很容易變成廢墟吧？！」
　　「靠海的房屋都比較容易被侵蝕，折舊的很快。」
　　「所以只能說千錯萬錯都是建商的錯。」
　　「但望海的別墅的確很有吸引力，每天都可以聽海哭
的聲音。」
　　「其實是個浪漫又愜意的所在。」

　　自由發揮這趟冒險的旅程，帶有一種明察秋毫的氛圍在其中，想要釐清的是到底傳言所說是否屬實，事實證明鬼魅之說杜撰的成分居多，也許也跟自由發揮的八字很重有關，但畢竟此社區裡尚有居民居住，**任意探訪就跟擅闖民宅一樣，非常非常不洽當。夜衝時攜帶的手電筒千萬不要亂照一通。**

　　「坐在海堤邊看著海，讓海灣新城作為背景。」

　　「天空的星星竟然如此多，這樣等待日出真的很浪漫。」

　　「不像是廢墟會出現的場景，美的不像話。」

1.66KM

要夜衝不要累格

輕鬆愜意3號線 >>>

如果你選擇這條，需準備的東西可能有：
1路邊火鍋烹煮器具（瓦斯爐別忘了瓦斯、湯匙別忘了鍋子）
2襪子（穿保齡球鞋必備個人襪子）
3掌上型風扇（拍起照來有意外的瀟灑感）

08：59PM｜八里左岸十三行博物館

12：01AM｜觀音大橋

02：39 AM｜打保齡球

7.5KM

10.1KM

04：04PM

3-1桃園山上看中正機場

在這邊看飛機是一種很舒服的事情，它不像在松山機場，讓你感覺低到好像輪子要打到你的頭了，也不像偶像劇拍的大喊誰誰誰加油～或是不要走（此處絕對不適合大叫，所有喝咖啡的民眾一定會拼命看你的！）但是可以看到整個起飛和降落的過程，有一種夢想起飛的感覺，特別是對於離家讀書或工作的人，恐怕這種感覺會喚醒一種鄉愁～

　　自由發揮：「兩個人用手一起圈成一個愛心，把橘紅色的落日放在其中，飛越過的飛機正好飛過，就像邱比特的箭射中我們的心。」

　　「太不適合我們了！太不適合我們了！」
　　「抱一下蠻浪漫的噢！」
　　「不要啦！不要！」李伯恩極力掙脫。

　　遠處可以看到海，傍晚夕陽緩緩落入海中，偶爾有幾架飛機飛過，就像朝著落日飛去那樣，頗有飛躍比佛利的感覺。

　　「好像伸出手就可以抓到飛機。」
　　「莫非是大衛魔術秀？」

特別建議

　　自由發揮巧遇一群小孩，原來是來自旁邊的一群媽媽，所以要特別介紹另一種模式：家庭式夜衝！

　　這裡很適合媽媽們把家務暫時拋諸腦後，湊在一起放鬆心情自在的聊天，請務必準備：乖乖桶、畫筆、一堆白紙。

　　媽媽說：「你們就乖乖的畫畫，看天空有飛機，乖乖的話就給你們一顆乖乖。」乖乖桶整桶放在小孩手上，媽媽們只需要眉開眼笑的談天，享受難得的惬意！

　　「我是不知道現在乖乖桶對於小孩子的定義是什麼，但我只知道這個小子在我的威脅利誘之下完全不理會我！太傷人了吧！我好歹也是人生父母養耶！我是我媽的天之驕子耶！」——阿達。

走西濱往淡水八里前進，沿途風景都很耐人尋味，海岸線就在一旁彷彿觸手可及，不時經過一些海釣場，累了也可以停下來吹吹海風、釣釣小魚。天空中依然不時有飛機掠過，滿天星星會也陪伴著你向前挺進。

　　「不停地山、海、夕陽，都想要開民宿了！」

3-2八里左岸十三行博物館

　　沿著八里左岸，沿途有許多單車客和我們擦身而過，大家都很享受如此清涼的夜晚，自由發揮停在十三行博物館，以前來是為了進去參觀，今天我們則準備在博物館前大啖我們的晚餐。

　　「很多地方都會禁止烤肉。」
　　「但好像都不會禁止我們煮火鍋。」

　　我們準備知名麻辣火鍋店的鍋底，在路途中到賣場採購需要的食物，把鍋碗瓢盆都準備好，一場戶外的麻辣火鍋饗宴就此開始。
　　「聞看看這個香氣撲鼻而來，隨風吹四處飄。」
　　「太享受了這一鍋，感覺周圍的動植物都靠過來了。」
　　「自由發揮醬料搭配，絕對是麻辣火鍋首選！」
　　「涮這個肉片以後，把蔥捲起來。」
　　「鴨血跟豆腐非常入味，食慾大開。」
　　「戶外野餐吃麻辣火鍋真的很酷。」
　　「把在室內做的事情搬到戶外，好像都很令人興奮。」
　　自由發揮：「廚餘垃圾都要收拾好，不然就全吞到肚子裡。」

自由發揮之導遊：關於十三行博物館

十三行博物館是北臺灣唯一以考古為主題的博物館，館內有介紹十三行文化、植物園文化、圓山文化等過去的遺跡與背景。

博物館的建築是由建築師孫德鴻設計，造型非常獨特且獲獎無數，構想來自於考古發掘及先民乘船渡海來台的意念，在傍晚打上燈光後別有一番風味，光影相接更凸顯建築特色，很適合牽牽小手或是漫步觀賞，舒適的氛圍很容易讓人卸除雜念。

十三行博物館｜八里鄉河海交接處

3-3關渡公園

阿達：「我現在有點舉步維艱。」
伯恩：「這是一種彌留狀態，衝破就好了。」
阿達：「彌留到有點瘋癲。」
伯恩：「疲勞不適合騎車，會暴衝的太快。」

　　深夜往關渡碼頭移動，到了這個時候，偶爾會有大番
薯頭重腳輕的感覺，剛吃飽的肚子掛在皮帶上，的確很需
要找個地方好好歇息，眼前整齊排列的長椅，讓我們很欣
喜，但因為太累所以還若狂不起來，但這裡絕對最適合夜
衝時補充氣力，就像路旁的鐵馬加氣站，根本就是救星！

　　一人一張分配妥當，要共用一張也可以，情侶還可牽
起小手，一起仰望芎頂星空，抑或是閉目養神，在一些無
法控制的情況下，自由發揮選擇仰天長嘯，進入一個冥想
的世界，體驗飄泊浪子的瀟灑，要以天為蓋地為廬。
　　「真的是耳邊風。」
　　「不要把別人的話當耳邊風。」
　　「這樣躺著，風真的會從左邊的耳朵灌到右邊的耳
朵。」
　　「很暢通，有清宿便的感覺吧？！」

　　走在淡水河邊，月光從上方照亮天際，沿路的街燈替
我們打亮一盞一盞的聚光燈，難得的機會，讓自由發揮忍
不住幻想自己是偶像團體，把灰諧的氣息收起來，露出陰
鬱的表情，碼頭成為我們獨一無二的舞台，可以好好自由
發揮。

「把話大聲喊出來心裡會好一點。」
「要不要喊一下？！」
「阿～達～好～瘦～」
「沒人聽到也不能說謊阿！」

3-4打保齡球

　　夜間保齡球的價格實惠，是適合一至無數多人的活動，只要你會把球往前丟，就可以說你會打保齡球，而且每個人都是主角，只要一將球丟出，就會立刻帶動現場氣氛，大家都會拍手叫好，無論是溝裡翻船還是出現了火雞，都會引起一陣騷動，熱血情緒達到最高點。

　　「打保齡球重的是姿勢。」姿勢一百分。
　　「往後擺的那條腿線條很重要。」就像拍雜誌封面一樣。
　　「扭腰的弧度也要抓得剛剛好。」
　　「別忘了縮小腹！」

　　嘴巴上說分數不是重點，但自由發揮這個團體常常內閧，明爭暗鬥相當嚴重，誰都不會輕易認輸，賠上個人的自尊就不得了，以後怎麼抬得起頭？！這是該拿出實力的時候。

　　「是榮譽感。」
　　「應該看得出來我剛剛都放水吧？！」
　　「我只是在測試球道的弧度。」
　　「你測試的是溝裡的吧！」

自由發揮教學：保齡球術語

　　火雞（Turkey）即連續三次全倒。據說保齡球是中世紀歐洲的農民，在
農閒或是節慶時的休閒運動，因為要打到連續三次全倒非常困難，所以在感
恩節時，大家就拿火雞當作是打出來的獎品，火雞這個用語也就一直流傳到
現在。

　　不知道為什麼明明沒有打得很好，卻丟幾顆球就累了，可能是姿勢做太足了，所以一直感覺閃到腰，還扭到脖子之類的。

　　「我不會錯過任何的按摩椅。夜衝完太需要馬殺雞了。」
　　「不過這個震動的波度有點過大，為什麼骨頭好像要斷了。」

　　看到籃球機免不了想要比個賽，但要小心使用右手，畢竟剛剛丟的是保齡球，現在突然換成籃球，等等可能又要回去丟保齡球，這樣一來一往手都混亂了，也太過操勞，最好的建議是，一隻手練一個運動。

中正保齡球館｜臺北士林區中正路392號

08：29PM｜清水休息站

17.4 KM

10：33PM｜被夜景包圍的室高寮

拍照很可能會多一個人的
猛鬼冒險4號線＞＞＞

如果你選擇這條，需準備的東西可能有：
1非藍綠光的手電筒
2尖叫後必備喉糖
3護身法寶：平安符、十字架、佛珠
4終極法寶：念佛機，此本書

11：11PM｜打保齡球

11.3KM

12：55AM｜沒有大佛的八卦山

13.1KM

02：27AM｜員林百果山直到路的盡頭

18.8KM

4-1清水休息站

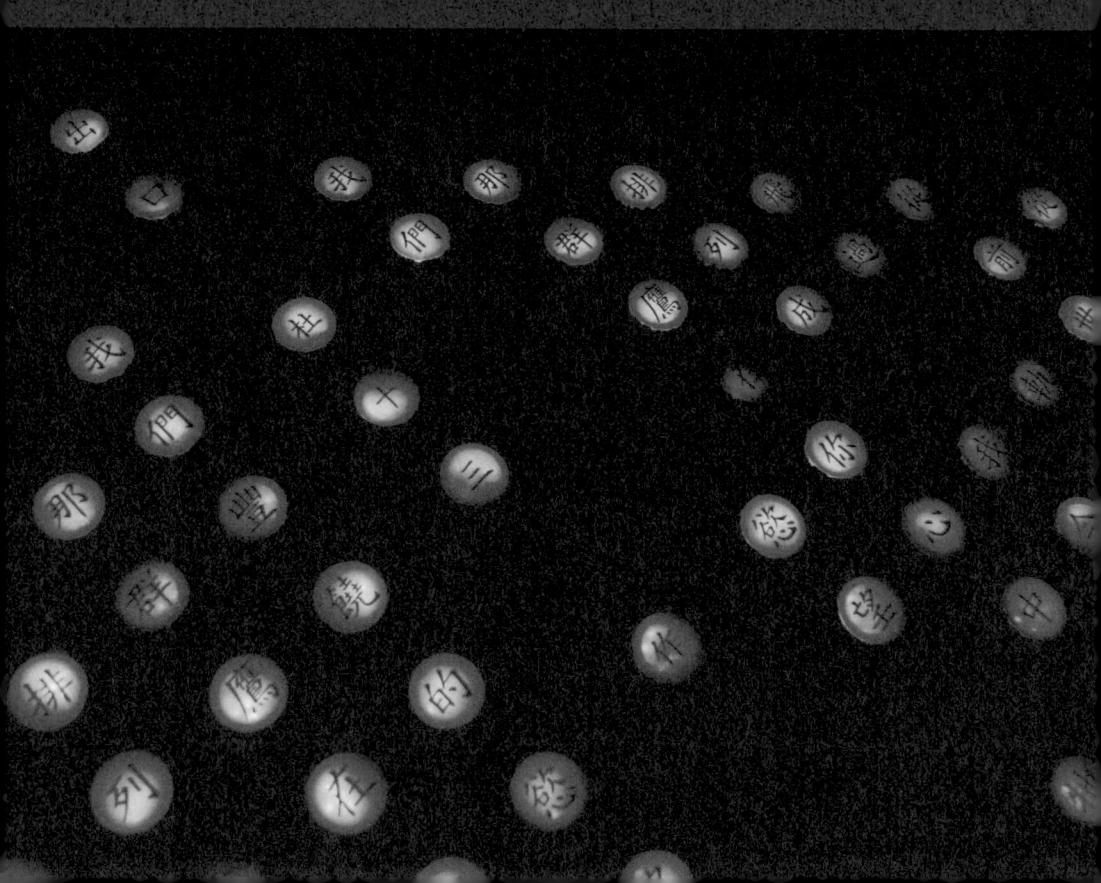

　　自由發揮當導遊，清水休息站的創意就是要打造出遊輪的感覺，置身於此，讓我們感覺就好像在偉大的航道上，想像自己一定要成為海賊王！（不覺得李伯恩就像是漫畫中的佛朗基嗎？）

　　雖然大家對休息站的定義一向都是上車睡覺下車尿尿的概念，但是在清水休息站不僅有表演還有很多特別的藝術感，就像在地上一顆顆光點拼成的詩詞，讓我們一開始還誤以為是機關，要踩個什麼特別的路線才能過去呢！

「我們看到我們的對手了！」
「他們看起來很強。」
「這樣說不對。」
「有誰會比我們脆弱呢？」
「好在跟我們的胖子風格迥異。」
「他們走台語天團路線。」

　　清水休息站常常有許多街頭藝人表演，讓遊客在這邊可以好好的放鬆，這樣才能補充元氣順暢的開車，有精神地朝目的地邁進，國道也就不會塞車了。

阿達：「我收到一朵小花，原來這就是愛情。」
伯恩：「我不懂愛情、我不懂花。」
阿達：「但你懂我。」
伯恩：「所以我們之間沒有愛。」

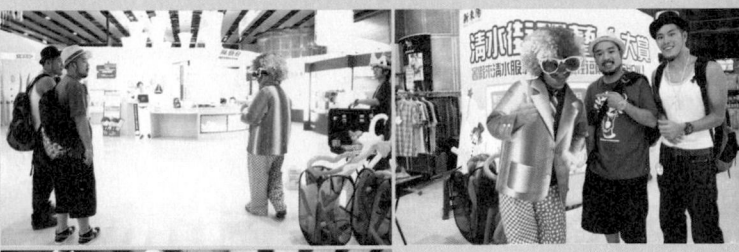

　　休息站裡彷彿就是百貨公司裡的美食街，真是眼花撩亂，隔壁經過一對母子，媽媽想要哄小孩所以說：「等一下就可以看到海綿蛋糕囉！」，真的是「海綿蛋糕」跟「海綿寶寶」傻傻分不清楚，媽媽的困惑就跟很多人會問我們夜衝是什麼？是夜晚去衝浪嗎？！只能說還不如說是夜間沖澡！

　　自由發揮強調：「夜晚是不能衝浪的！」

　　休息站裡面有海生館？還放置了生態水族箱給大家貼玻璃？不管是海底總動員的尼莫還是法力高強的章魚哥，都在這邊可以見識到，所幸就讓章魚哥測試一下自由發揮會大紅大紫或者是專輯跟書大賣，只有這兩個選項給牠選！

　　清水休息站看出去的夜景真不是蓋的，遼闊無比的夜景好像漫延到天際，還有高速公路上呼嘯而過的車尾燈點綴，真是讓人捨不得離開，如此一來以後到達目的地的時間都要加碼了，像是開到高雄要多加三小時，因為看到這樣的風景還真的會不太想走噢。

自由發揮教學，關於怎麼騎車去

騎機車前往清水休息站有一個訣竅，無論你在哪裡都相當管用。

1、到清泉崗台中航空站：不論你身在何方，都先到這裡吧！

2、清泉崗台中航空站往『圳堵』的方向：面對機場大門的左手邊。

3、沿著清泉崗的圍牆走。

4、注意『保羅禪寺』的招牌：不是PAUL！

5、看到牌子左轉：左轉後不遠處，左手邊會有個木工廠。

6、走到底就對了。

7、停放在清水休息站機車停車區：不要停在停車格，你不是車子。

4-2被夜景包圍的望高寮

望高寮絕對是夜衝必衝之地，厲害的程度我們只能甘拜下風，說五體投地都不誇張，我們好像身在一個山頭上，就像是富士山那種山，轉一圈都被夜景給包圍，以自己為中心點擴散出去，要是我們能再高一點，真的就能完全看見360度版的夜景，就連這裡的監視器都要360度旋轉監視，所以來這裡的人千萬別忘了先轉幾圈。

「這裡的夜景太強了。」
「這很難得阿，前後夾擊耶。」
「這真的是繞一整圈的夜景。」
「很像以前的西部電影，因為馬路過熱所以眼前的樹影都在搖晃，現在也是這種感覺。」
「真的在晃耶，是我們夜衝太累還怎樣？！」
「這真的反過來看就是星星，滿天星斗耶。」
「你下腰看起來怎麼樣？」
「還蠻痛的，可能倒立看會好一點。」
「所以民俗技藝非常適合用在這裡。」
「可以看見跟別人不一樣的夜景。」
「這根本是坐落在地面上的銀河。」
「幅員太廣闊了，好像地平線的那端都在亮。」

自由發揮當導遊：望高寮

　　望高寮位在台中縣、市的交接地帶，身處大肚山望高寮的山頂，西邊可以遠眺臺灣海峽，臺中縣西部的夜景都鋪滿在腳下，彰化及南投草屯景緻也都能盡收眼底。往東一看，從豐原到霧峰皆在視線中，無關眼睛大小，都能清晰可見，而臺中地區繁華都市的美景更是一覽無遺，沒有邊境的夜景，幾乎可以360度的將你包圍，首屈一指用在這裡再妥當不過了。

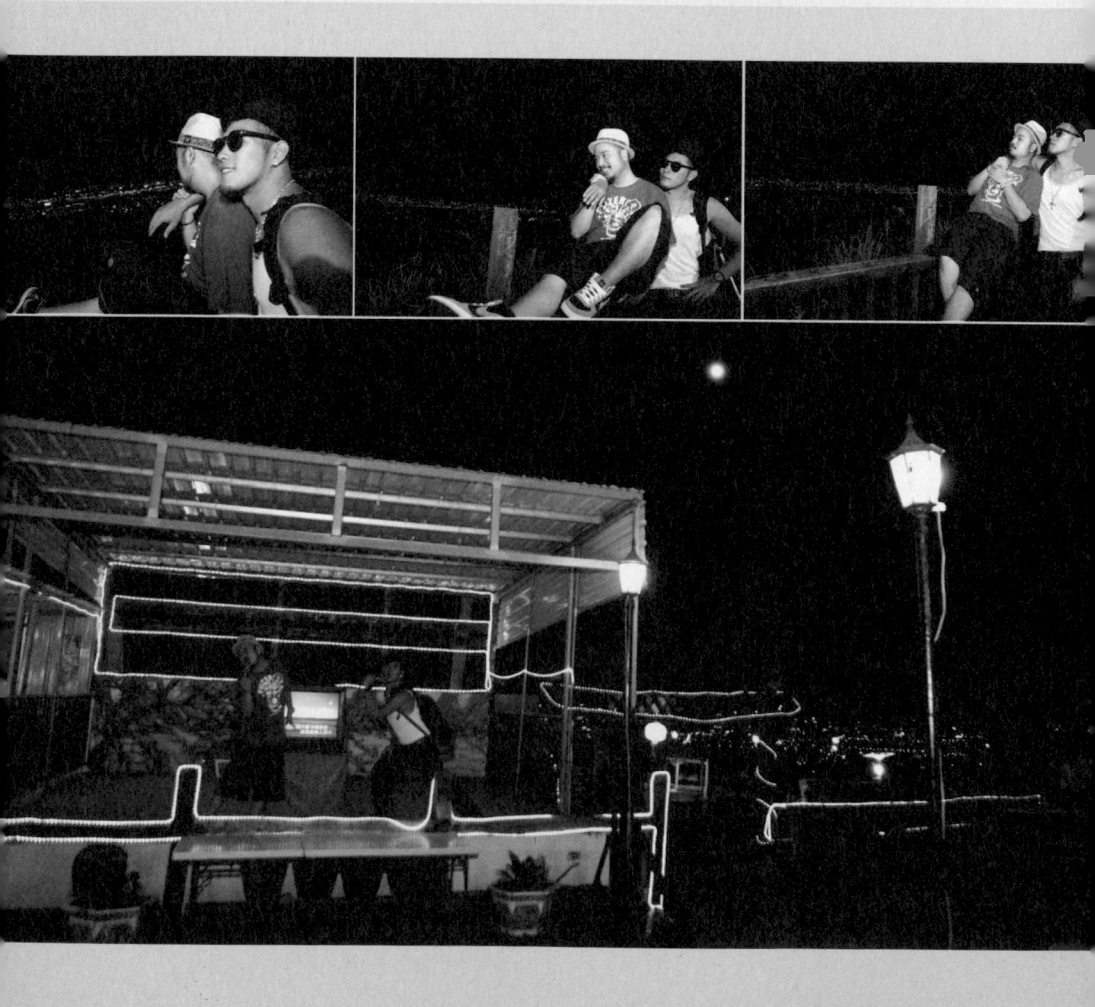

「但是單身的人來望高寮要戴墨鏡，我們也來一下。」

「蛤？你要我怎麼抱你？」

「就單憑你對我的喜愛自由發揮。」

「這樣環抱好嗎？！」

「嗯⋯⋯比想像中好些。」

在自由發揮陷入你濃我濃的情形當中，遠方卻傳來鄉土劇的主題曲，看來這裡果然是兵家必爭之地，自由發揮不會放過任何機會高歌一曲的，不過在我們唱歌的時候大家似乎完全被夜景吸引，而完全忽視我們。

11 : 11PM

4-3松香爌肉飯

拍照很可能會多一個人的　猛鬼冒險4號線＞＞＞

「有吃過路邊攤還要有人帶位的嗎？！」
「還以為是大戶人家在辦流水席。」

　　很難不被松香爌肉飯的大陣仗嚇到，整整擺滿兩個騎樓的座位，人都滿到路上排隊，很難想像這不是為了周年慶而是為了一碗爌肉飯，真是越夜越美麗。

「這個味道太香了，消夜可以吃這麼多嗎？」
「每道菜感覺都是必點的。」
「油亮油亮的，這個爌肉真的會彈跳耶。」
「相當軟綿彈牙，而且一入口就化開。」
「超入味到深入毛孔了。」
「滷肉飯也很厲害，肥瘦肉比例很適中。」
「連滷鴨蛋跟滷豆腐都這麼厲害。」
「我要被融化了」。

　　一塊塊的滷肉是真的會抖動跳POPING的那種，實在是太美味了。連伯恩也不管減肥掛了渦輪就開始大快朵頤，不過松香的確是挺囂張的，營業時間放的晚上九點到早上七點雖然說太適合夜夜貓族跟夜衝族，但是不怕每天來的人都是喝醉的嗎？

「反正夜衝是個消耗體力的行為。」
「但因為有這些美食，所以夜衝不會讓你變瘦。」

松香爌肉飯│台中市美村路一段167號（美村路和公益路交叉口）│21：30─07：00

4-4沒有大佛的八卦山

南天宮的招牌聳立在我們眼前，但我們看到的卻是附設十八地獄六個大字，我們很好奇，那哪天會不會有附設極樂世界？如果有的會那一定是不良場所，而且他的附設十八地獄旁邊的小字還是全部電動，天啊！去地獄已經到了做電梯就好了嗎？

「那邊有許多人偶，應該是要告誡我們向善。」
「如果突然動起來，我們一定會被驚到。」

　　南天宮是良善的場域，用電動方式勸人向善，獨具匠
心，應該不會有不乾淨的東西吧！但是昏暗的光線從老舊
的屋舍透出，這根本就是喪屍電影系列的橋段，害怕的心
理會因為看不清的視覺被放大，加上一旁的人偶被我們手
電筒一照，各個面露兇光，不自然的身軀，斑白的皮膚，
衣服的破損最嚴重的在加上我們平常做的虧心事，如果真
的動起來，我們肯定嚇到內褲都歪了！

嶽地八十

「你有覺得他的手不一樣了嗎？」

「是因為你的瞳孔變大了。」

「下次應該進去看一看，這有復古的鬼屋的感覺吧。」

「沒有下一次。」

南天宮白天是開放參觀的，內部有許多機械做的人偶，現在已經很少見了，會用人偶特定的動法表演許多警世的故事，還會把十八層地獄的景象活生生的呈現出來，這讓我們想起以前好像曾經看過，像是目蓮救母的故事，但可能因為機械故障，加上人偶姿勢不對的關係，導致目蓮的母親一直被卡在地府大門進不去，有點像是點唱機卡住一樣一直重複那個動作，讓人相當印象深刻。

　　我們都聽過許多關於八卦山大佛的傳說，像是台灣版的羅密歐與茱麗葉，因為家人的反對，所以決定在大佛的左耳與右耳上吊自殺，以宣誓他們的愛情，當然也就出現情侶不能一起到這裡的耳語，傳說雖然都不可考，但在深夜想起來，還是讓人雞皮疙瘩掉滿地，好在自由發揮不是一個情侶團體，因此不用擔心會分手或是被拆散，可以攜手一起前往。

　　「如果我們偷偷在交往，來了還是會分手嗎？」
　　「祂們自己不被成全，應該不忍心拆散別人吧。」
　　「想到要在這裡上吊真是一絕。」
　　「而且誰跟你在偷偷交往啊！」

　　通過參佛道可以來到大佛面前，32尊石雕像氣宇磅礡的聳立在兩旁，應該都是佛書中出現過的尊者，好像能感受到佛祖的法力無邊，黑夜走來也讓人心安，只是因為完全無光，幾乎看不清楚前方的路，所以踩空階梯跟踩到異物的時候，還是不免會驚聲尖叫，然後不小心的擁抱在一起。

　　「深夜裡的星光大道。」
　　「兩側都是莊嚴的神像，應該要淨化一下我們紛亂的心啦。」

　　當自由發揮感以為越靠近大佛，恐怖的感覺會更加深的時候，竟然發現前方四散的都是黑影。

　　阿達：「是我們太累還是怎樣？不會只有我看得到吧？」通常在這種時候才會懷疑自己有問題。

　　伯恩：「是人啦！還是情侶耶！眾多的。」

　　阿達：「這不是個可怕的地方嗎？！還是情侶不能來的地方？！」

　　「看來我們是被整了吧，還是資料來源有誤，甜蜜蜜的光害不斷向我們投擲過來，這裡再也不是一個令人害怕的地方了！而是情侶間相依偎的場域！看來傳說被情侶之間愛的力量衝破了，從此不攻自破，新的傳說是在大佛的見證下，你們的愛情將走得更加順利。」

　　自由發揮來的這一天，大佛正在維修中。

八卦山大佛｜彰化市卦山路

4-5員林百果山直到路的盡頭

　　我們稱今晚的行程叫做猛鬼旅行社，要朝人煙稀少但鬼魅可能就很多的地方前進，其實我們不太贊同夜路走多會碰到鬼的這句話，大概是連鬼都怕李伯恩，所以自由發揮幾乎不會遇到什麼詭異的事情，僅只於目前而已，我希望這些話不要被任何的好兄弟聽到，拜託。

　　新百果山遊樂園已經廢棄許久，聽説很多朋友前去探險，都在合照中發現多了一個人或多了一些什麼，移動過程中都會聽見不尋常的聲響，只能説越怕好奇心越大，七月半的自由發揮還是不信邪的前往。

　　「這裡繞過了啦。」
　　「我也記得剛剛走過這條路，我記得這棵樹。」
　　「鬼打牆了吧？」
　　「可是方向沒錯啦。」

　　但可怕的事情來了，就是無論在地人怎麼報路，我們就是找不到那個地方，雖然後來晴天霹靂的得知遊樂園已經被拆除，我們還是找不到那個遊樂園遺址，總是有個放遊樂園的地方吧？但整整繞了山頭好幾圈，要是有觀眾在看，他們應該會一直拍大腿説「就在你的左邊阿！」，但我們就是沒有往左邊看，沒有旁白叫我們往左看。

　　路長在嘴上！於是我們向在便利商店前聊天的幾位年輕人尋求協助，感謝他們是在地人，願意給我們一些指引，還人很好的直接帶路，然後我們來到舊百果山樂園，一個很像是忠烈祠牌樓的地方。

　　向上延伸的階梯打上明亮的黃光，卻沒有溫暖的感覺，溫度驟降的很快，手腳都不自覺冰冷起來，周圍的樹叢不時的出現怪聲，原來還以為是誰在講話，但根本沒有人。

伯恩：「看看這個洞。」

阿達：「如此寒冷我卻冒了整身汗。」

伯恩：「這邊是真的蠻詭異的，但已經過不去了。」

阿達：「太好了。」

　　聽說這裡有個大西瓜，很大。

「還是我們可以找到大西瓜？」

『現在是農曆七月耶，要去那些地方嗎？』

「連大西瓜都是恐怖的？」

『我勸你們不要去大西瓜那邊，那裡真的很陰。』

「那不是一個歡樂的地方？」

『我有個朋友前一陣子在那邊上吊自殺了。』

「在大西瓜那邊？這樣就不好去打擾了。」

　　『大西瓜旁邊有個廁所，很多人都在那邊上吊，現在是七月我奉勸你們不要去，太陰。』大哥很認真的勸告我們。

　　『你們不如去山裡面，有個古井叫做殺人坑，死了很多人，台灣靈異傳奇說過。』女孩帶點遲疑的說。

　　「該怎麼走？你們可以帶我們去？」伯恩超興奮的。

　　『我們沒有要跟你們去噢，只能帶你們到路口，那太陰了。』

　　然後我們到了連摩托車都無法騎進去的地方，沒有人願意陪我們進去，我們只好靠自己自由發揮，聽說，只要走到底就是那口井了。

　　這是一條沒有人氣的小徑，身邊的樹林都很高大，竹林蕭颯的聲響像是鬼片開場的配樂，倒置在一旁的廢棄物，都好像剛發生命案一樣，越往裡走恐怖的感覺加劇，當大家靜止不動時，竟然也能聽到踩碎落葉的腳步聲，啪嚓的聲響顯得響亮。

　　「聽到什麼別轉頭就好。」
　　「絕對不要現在拍我肩膀。」
　　「手機完全沒收訊。」
　　「就跟驚悚片演的一樣。」
　　「我們會求救無門。」
　　「怎麼樣的話跑就對了。」
　　「左邊那是橋嗎？前面已經過不去了，要撥開樹林才能走。」
　　「感覺沒有人來過的樣子，太荒涼了。」
　　「要是有蛇那就更可怕了。」
　　「你沒有感覺到奇怪的氣場嗎？ 一種空氣凝結的感覺。」
　　「耳鳴的感覺。」
　　「真的走不過去了，自由發揮很可能會變自由揮發。」
　　「只好回去，太好了。」
　　自由發揮：「想去探險的朋友，請千萬記得裝備要齊全，打草驚蛇的棍子，還有護身符等，請不要擅自前往，記得人多好辦事，不要隨便按下快門。」

　　沒有結局。且待下回分解。

1.3KM

肥到身處無怨油
餓鬼纏身5號線 >>>

如果你選擇這條，需準備的東西可能有：
1 消脂茶
2 防靜脈曲張襪（腿變粗看不出來）
3 環保筷（記得愛地球）
4 坦誠相見的膽識

09：55PM｜花園夜市賣雞記 2.1KM

01：29AM｜四草大橋夜釣 9.8KM

05：29AM｜水火同源 69.4KM

07：00AM｜關子嶺農莊泡冷溫泉 4.6KM

5-1與阿明豬心老闆過招

　　別看阿明的店只是在馬路旁的小店面，卻聲勢浩大的跟餐會一樣，人潮絡繹不絕到我們以為是免費試吃，難以相信豬腦湯會如此有魅力，親自品嚐品嚐才有可信度，想吃，先排隊再説。

　　不知道為什麼，老闆的手不停的動，烹煮、搖晃、盛碗、配料、上桌，客人就是沒有變少，大家都還在等，我們忍不住吶喊：到底是在等什麼啦！根據坐著等待的客人告訴我們，等半小時算正常，等到一小時的都有，這不算什麼。這不是邪教的一種嗎？！大家都如此心甘情願的崇拜著。

　　但老闆的幽默風趣，成為等待中的餘興節目，可以暫時忘記等待的苦悶。
　　「老闆我們的有點久耶！」阿達忍不住埋怨。
　　「你吃生的就不用等阿。」老闆很冷靜的回答。

　　老闆雖然忙得分身乏術，還是有隨時TAKE每一桌的客人，就是知道你們有誰還沒點，卻一直坐在位子上：你們慢慢坐後！坐舒服了再點！

　　等到天荒地老我們的麻油腰子終於出現了。
　　「真的超脆的！」
　　「咬下都會發出喀唧的聲音。」
　　麻油很香，腰子一入口美味的感覺就洶湧而來，好吃到我們驚呼連連。至於豬腦湯麻～不要去想是喝我們自己就不可怕了，與舌頭碰觸的感覺很微妙，馬上迸出入口即化四個大字，立即就有變聰明的感覺了！

來到赤崁樓，發現晚上會有些表演活動，但絕對不是自由發揮這樣的風格，是能搭配古色古香的建築，帶領大家走進時光的隧道中那樣，其實就算沒有進到裡面，依然能夠體驗一個特別的夜晚。

但一轉頭，你絕對會先被對面那橫跨兩個騎樓的桌椅給嚇著，那種流水席般的景象，我們只有在進香的時候才看過。

「先來盤綜合沙拉墊墊肚子。」
「新鮮到有天真爛漫的感覺，口感相當濃郁。」
「手捲內餡很飽滿，他們有急於掙脫的感覺。」
「海苔很脆與裡面的蝦一起在嘴巴裡旋轉，美味。」

生魚片上桌，厚切綿密整齊排列，油花均勻分佈，油脂透著光澤還微微反光，搭配粒粒分明的壽司飯，一口吃下都覺得奢侈，有種悠遊海洋的飄忽感。

「好吃到眼睛都要閉起來了。」
「你眼睛本來就小吧。」
雞腿油亮油亮，看那個肉汁噗吱噗吱的，灑上一點點椒鹽，唾腺都激動了，烤肉串的香味四溢，連一點點香氣都不要放過，用力把它吸回來。
「一手生魚片一手烤肉串是不是太享受了。」
「真是齊人之福阿。」

　　冬瓜茶能賣到排隊真是不簡單，不愧為百年老店，自由發揮也要來見證歷史的傳承。

　　伯恩：「古法煉製喝起來有歲月的痕跡。」

　　阿達：「而且手工熬煮，有種家鄉味的感覺。」

　　伯恩：「家鄉味是什麼感覺？」

　　阿達：「歲月的感覺。」

　　伯恩：「光從外觀顏色看就知道不一樣，有點像是紅茶的顏色。」

　　阿達：「妙的是什麼都可以加，布丁、地瓜圓、仙草圓這個太讚了。」

　　伯恩：「冬瓜味道也很濃郁，不會太甜，喝完也不會膩。」

　　阿達：「真的很清涼好喝，讚。」

　　伯恩：「我才講幾句話你已經喝光啦。」

　　阿達：「只好再排一次。」

　　忍不住一排再排，真的太好喝了，順便再帶幾杯走。

義豐冬瓜茶｜台南市永福路二段212號｜06-2223711

5-3花園夜市賣聲記

花園夜市

Tainan Flowers Night Market

來到全台灣最大的夜市，絕對不可能錯過，自由發揮走到窮途末路也要享用夜市美食，於是只好使出殺手鐧，賣身？！不行，只好賣聲，我們決定只要有拿食物的朋友跟自由發揮任何一個人對到眼，就問：「可以給我吃一口嗎？PLEASE。」說時遲那時快，還在停車場這邊徘徊時，左邊立刻出現和樂的一家人，目標鎖定貌似爸爸手提的那一小袋食物，我們毫不害臊的說：「可以讓我們吃一口嗎？」噢！是杏鮑菇！但咬起來卻有肉的質感，口感毫不遜色，到底是杏鮑菇本身好吃？還是糾結著一種「別人的比較好吃」的情懷？

大家應該都有一些經驗，去別人家時，就會發現別人的洗髮精跟洗面乳怎麼都比較好用？在保齡球館的泡麵也比在家泡的好吃，還有國外的月亮總是比較圓、橫刀奪愛才是愛……果然，別人的杏鮑菇也比較好吃！而且吃一點點就口齒留香啊。

後面有兩位女生剛好點了一盤全新的蚵仔煎，想不到隔壁的一桌年輕人願意主動分我們食物。

『還有一些些骨頭。』

「你當我們是狗嗎？！好啦，丟一點過來。」

『沒有啦還有屑屑。』

「我們可憐到吃屑屑了。」

「根本只有骨頭啊？！」

「炸冰淇淋，可以分我們一小口嗎？」是個國高中的小男生。

『蛤，你一定會很大口。』

「不會，一人一小口，但我們整的團隊大概有40個人。」

『你的口水沾到了啦。』

「那我只好再把它咬掉。」

「我們剛吃太多肉了。」

「請問妳們的青菜好像吃不完囉？！」

「妳們已經吃完了嘛，那我們吃掉囉，非常感謝。」

「哇賽，老闆青菜很會炒耶！」

「青菜太難吃一根了，都會變成吃一把。」

「阿達有點渴了。」

「還是直接跟老闆問可不可以給我們喝飲料。」

「可以阿，老闆會說25塊。」

「阿達，我想到喝到飲料的方法了！」

「什麼？！」

「先弄到吸管，有吸管我們就可以像蚊子一樣，蘇的一下喝別人的飲料了。」

「蚊子就是這樣活下來的。」

　　前方一群年輕人超友善的提供飲料給瀕臨渴死的自由發揮。

「你沒問過別人就插進去耶。」

『沒關係沒關係，可以喝阿。』

「是紅茶，太好了。」

「我跟你講，他紅茶竟然喝無糖的，想減肥，真是太過分了。」阿達抗議了。

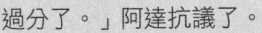

「我覺得這種吃別人東西的行為是會上癮的。」

「一直想要下一個要吃什麼。」

「不然就來吃射飛鏢好了,其實可以人家玩遊戲玩到最後兩支,就拜託他分給我們。」

後來我們越來越猖狂,直接鎖定要吃什麼再來下手。決定要來清清腸胃所以走到「阿美芭樂「的攤位前,沒想到老闆娘很阿莎力的讓我們試吃,想吃什麼就吃什麼,而且試吃都沒有在手軟的,都給一整份的,真是太幸福了。

我們想說吃別人的東西已經很過分了,「一口肉圓「的老闆竟然還給我們座位坐,送給我們一大份好吃的一口肉圓,我們決定唱一首歌替老闆招攬生意,宣傳好吃的一口肉圓。

這樣吃一圈也吃得好飽了,我們鎖定遊戲當作HAPPY ENDING。

「老闆我們可以唱一首歌跟你換十發子彈嗎?」

老闆娘非常靦腆的答應了。

「趙又廷教我們拿槍要直上直下,橘色!中。」

「槍,我是嘻哈歌手所以插在褲子後面。」

「哇你拿起來橫打耶,根本沒打到阿。」

就在沒有打中的氣球中,夜市行落幕了。

5-4四草大橋夜釣

珍愛生命
心裡有解
請撥打衛生署
0800
台南市衛

想不到橋上也可以夜釣吧？！這種戶外露天的釣魚場真是太舒適了，四草大橋絕對集複合式的大成，居高臨下吹著海風，觀浪、觀海、也能觀夕陽，當然最棒的就是都能一邊釣魚。

眼前是成排的釣竿，大家將釣竿綁在橋墩上就開始等待魚上鉤，聽說這樣就不怕釣竿被拖下水，也能很快的發現哪支釣竿有魚靠近。來釣魚的大哥們都很愜意的聚在一起聊天、下棋、吃消夜，好像就在自家陽台一樣非常享受，坐在導演椅上，笑說台南人都很親切又有人情味，大家一見如故，自由發揮忍不住要說：四草大橋真是個夜衝的好地方。

　『剛才有一隻33斤的鱸魚啦！』
　「大概跟阿達的兩隻腿放在一起一樣大，一片掉落的鱗片竟然跟眼鏡鏡片一樣大！」
　『用活跳跳的蝦當誘餌。』
　「用這樣的釣竿就可以釣到噢！太厲害了。」

　　自由發揮非常期待能親眼見證釣到的那一刻，於是沿著整排的釣竿走，希望能第一時間察覺哪支釣竿有了動靜，不出所料，十秒後，令人感動的時刻來臨。
　「挨？挨？這支是在動嗎？」

　　瞬間原本正在納涼大家都蜂擁而上，我們完全無法幫忙，但也不能幫倒忙，只好退到一旁幫腔。
　『攏愛收啦。』
　「大家會趕緊把周圍的釣竿都收起來，怕魚亂竄的時候，線會被絞在一起。」
　『網子，網子啦！』
　「在場的大家都會齊心協力，互相幫忙。」
　「而且是我們先發現的噢！」兩個人都非常喜形於色。

「竿子好彎好彎。」
『快！快！』這些話全台語，很有ㄅㄨㄧˋ、ㄅㄠˋ。
『躲去橋下了啦，電燈電燈。』
『網子來，閃，去旁邊。』
『應該有17.8斤啦，不小隻啦。』
『哇，後，還沒倒啦。』
『糾大隻啦，電燈照一下。』
「現場立刻驚呼連連，因為魚竄出水面拍打，燈光一照真的很大。」超有震撼力，有那種神龍甩尾的感覺，雖然後來魚巧妙的用自己的鰭掙脫，但牠的倩影看來十足衝擊，真可惜來不及用網子把牠拉起來，不然聽說至少也有30斤。

「剛剛燈光一照水面，魚鱗反光在水面看來真的超大。」
『你看我們高度這樣看就那麼大，拉起來會更大！』阿姨很興奮的跟我們解釋。「是我們應該都要抱不住的大小，是阿達的上半身那麼大。」
「超級熱鬧的，一中竿大家都HIGH起來。」
「遠方的阿伯還用手刀式的方式奔跑過來。」

「真是太有趣了，我們以後也來當個釣客！」

前往水火同源之路

我們在關子嶺看到燕子低飛決定來造些俳句。

阿達：「孔子還孟子説的不管，他説登泰山而小天下。」

伯恩：「這邊是日出前的寧靜。」

阿達：「是躲避世俗的清幽。」

伯恩：「你不要一直跟我牽手啦。」

這種風景好適合唱首山歌阿，這像是會出現在大陸尋奇的場景吧？！有那隱居山林、臥虎藏龍的感覺，遠處還不時傳來鐘聲，讓我們想起一個人——一休和尚。

阿達：「山南～山北～山南山北走一回……」

伯恩：「好像前進武當派，你打那什麼拳？」

阿達：「石破天今日拳。」

伯恩：「只好用高挑的鶴拳相迎。」

自由發揮：「登關子嶺而小大陸。」大陸尋奇之高處遠望什麼都變得小小的。

05：29AM

5-5水火同源

水火同源的標誌很明顯，讓我們沿路都相當期待，水火不融的怎麼又會同源呢？！這水會從細縫中流出，竟然不會把火給澆熄，就像是我們澆不熄的熱情一樣，所以說我們的熱情來自源源不絕的天然氣！

「蠻像的，都從細縫中流露出來。」

水火同源又叫做水火洞，在出火處之上有一尊石佛供人膜拜，旁邊還刻有石猴，為了更靠近火焰，我們順著一旁的石階繞到內層的水域，但不知道看我們像猴子一樣爬來爬去，會不會激怒祂們，還是能諒解我們。

伯恩：「這冬天來真的蠻過癮的。」
阿達：「但要靠近就有點辛苦了。」
伯恩：「需要有一些技巧，還要能防滑。」
阿達：「遠看就夠美了，距離的美感。」
伯恩：「冷的話可以來這裡取暖耶。」
阿達：「只能說掉下去會更冷。」

因為岩石上寫著「水火洞，垃圾不要丟許願池。」我們猜想這應該同時具備許願池的功用吧？！於是把握機會，要來好好許個願。

伯恩：「為什麼要背對著丟錢？」
阿達：「這樣丟進的話好像比較容易實現。」
伯恩：「但你一直都沒丟進內圈。」
阿達：「應該是上天給我的考驗。」

5-6關子嶺晨奔洗溫泉

　　來關子嶺怎麼能錯過溫泉，尤其是在夜衝後的清晨，最適合把自己丟進溫泉裡煮一煮，泡完後又是一隻活龍，還是徹底疏壓、養顏美容後的活龍。

伯恩：「你怎麼拿腳試水溫？」

阿達：「好像蠻燙的。」

伯恩：「整個人進去就不燙了。」

阿達：「真的嗎？讓我試試看。」

伯恩：「不錯吧，蠻舒服的。」

阿達：「嗯，只能說防人之心不可無。」

伯恩的泡溫泉教學

　　「其實泡很熱的溫泉跟泡很冷的溫泉，都有個訣竅，就是下去了就真的不要動，譬如說我現在一潑你，你就會想走。」

　　另外，關子嶺的溫泉相當特別，泉水呈現灰黑色的，有點像下過雨的河堤，老闆娘說這叫「黑色溫泉」或「泥巴溫泉」，因為溫泉水夾帶著地下岩層的泥質與礦物質，可是世界罕見的濁泉呢。

阿達：「我現在只能用很慢的慢動作。」

伯恩：「有度假的感覺了，關之琳應該就是這樣洗澡的。」

阿達：「真的嗎？！所以我們在關子嶺用關之琳的方式洗澡。」小眼睛頓時為之一亮。

伯恩：「女明星都要這樣用泥漿輕拂過肌膚。」

阿達：「我覺得我們不要一直發出「呼」、「哦」的聲音。」

伯恩：「有洗滌掉夜衝的疲累，但我們好像弄太燙了。」

阿達：「I'am RED！」

阿達：「你幫我抹一下背好了。」

伯恩：「這樣我們會抹出感情阿。」

阿達：「ONLY YOU～是翁立友來著。」

伯恩：「臉抹好，我們要去打叢林戰求生是不是。」

阿達：「我幫你抹的很帥耶，你看看。」

伯恩：「喔我覺得我比原本好看很多耶！」

阿達：「我覺得我好像吃到了，鹹鹹的。」

伯恩：「現在一關燈誰也看不到我們。」

阿達：「我覺得我要吃飽了。」

伯恩：「我們現在是不是應該把自己風乾，然後它就會裂開。」

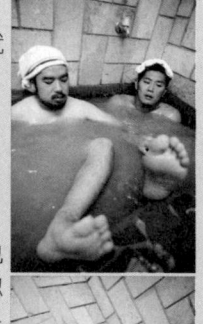

阿達：「我這樣塗會很不自然嗎？！」

伯恩：「你塗眼皮幹什麼啦？！」

阿達：「我吃了太多泥，現在感覺很沮喪。」

　　自由發揮在浴池裡玩的不亦樂乎，相信就算偷情也不會被發現，拍了也不知道是誰，仗著塗滿全身大家都認不出來，於是乎，自由發揮決定要來晨跑，就這樣出去晨跑，對，就這樣。

伯恩：「我們出去給風吹一下。」

阿達：「你幫我把這邊都補起來。」

伯恩：「全國多少少女羨慕這一刻，聽說摸過阿達的肚子學業就會變好。」

阿達：「這樣心情還蠻好的，多了一層保護色。」

伯恩：「好，我們出發吧！」
阿達：「這樣應該不會妨害風化吧？！我都把臉遮起來了。」
伯恩：「這跟穿緊身衣的道理是一樣的。」
阿達：「所以想要裸奔的朋友，請來泡泥巴溫泉。」

自由發揮：「人塗滿泥漿有一個好處，就是自信度都提升了。」

抹滿泥漿後在關子嶺大街上朝著日出奔跑，一定要來個巴蕾舞才會出現的空中轉體360度，或是張牙舞爪的連續彈跳，雖然看起來很像手腳靈活的兵馬俑，但有種徹底解放身心的感覺，這應該列入某個療程，絕對會帶來超然的快感。

阿達：「我剛剛經過有幾個女孩一直大喊OH MY GOD！」
伯恩：「OH MY GOD！UNBELIEVABLE！」
阿達：「老闆娘應該想請身材好一點的。」
伯恩：「你知道剛剛你的大腿跟背都是空的嗎？！」
阿達：「所以它們曝光了！！！」
伯恩：「剛剛那個騎車經過的朋友蠻冷靜的。」
阿達：「還是他完全沒發現我們。」

自由發揮：「要是能找到朋友跟你一起塗滿泥巴出去，那就是真摯的友誼了。」
阿達：「情侶千萬別這樣子，女朋友一定會翻臉。」

用晨跑當作夜衝的終點，其實不算特別，但幾近裸體來晨跑，那就很特別了。

洗心館｜台南縣白河鎮關嶺里關子嶺9號｜06-6822302

05：00PM｜西子灣

06：56PM｜旗津港郡

18.4KM

就算單身還是要
浪漫海灣6號線＞＞＞

如果你選擇這條，需準備的東西可能有：
1 沒女伴去搭訕需要承受失敗的勇氣
2 墨鏡（抵擋強大的外來閃光）
3 衛生紙（默默拭淚用）

15.2KM

美濃客運站

01：56AM｜龍兄虎弟蓮池潭

12：22AM｜大社工業區

09：06PM｜愛河愛之船

05：00PM

6-1西子灣

　　自由發揮走到西子灣隧道，有那種要一路打上華山的感覺，龍爭虎鬥，這樣打進去不知能不能分出勝負，但一定要全力以赴。

　　伯恩：「你不要再使出那個怪異的拳法了啦。」

　　阿達：「你不懂，這是我的絕招。」

　　伯恩：「失敬，原來是一代武林宗師。」

　　自由發揮很喜歡隨時自由發揮，很容易把自己錯置在奇異的空間中，嚐試扮演各種角色，或是說很突然的就被上身。

　　伯恩：「為什麼牆上有你的畫像？！」

　　阿達：「你不懂，這樣我的信眾才可以朝我膜拜。」

　　伯恩：「失敬，果真是一代武林宗師。」

　　浪漫隧道一旦遇到自由發揮就不浪漫了，反倒多了許多懸疑的氣氛在，只要一聲尖叫劃破詭譎的氛圍，我們只能沒了命的逃跑，此刻腦袋裡只浮現被追殺的畫面，血淋淋的非常適合在隧道中上演。

　　來到西子灣，沿途景致都讓人心曠神怡，最希望能見
到火紅夕陽落入藍色汪洋中的畫面，但要是老天爺不給機
會，也只能怨嘆無緣，但就算天空陰霾雲層深厚，眼前海
天一色的美景，依舊讓自由發揮看傻了眼，海好像可以吞
噬所有的哀怨與不愉快，讓紛擾的心都變得平靜，整個人
都能很放鬆。

「灰色是不想說，藍色是憂鬱。」
「可以不要一直偷牽我的手嗎？」
「你怎麼知道你不想我牽？」
「就這一點我很有把握。」

　　我們都覺得站在海邊釣魚是一件很了不起的事，要和
很多的外力抗衡，還要做出飄泊瀟灑的表情，重點是拉起
魚竿後的帥勁，都有可能因為腳底一滑就落空了。

「我們要怎麼到消波塊上釣魚？」
「要認真規劃一條路線，不然就是去餵魚。」
「這應該要裝備很齊全，不然蠻危險的。」
「不能只有鬍子跟釣竿。」

「站在海中央，我們看來都顯得很渺小。」
「畢竟我們從來不被形容渺小。」
「我們這樣很像張信哲那個年代的MV。」
「很適合唱一下愛如潮水。」

就算單身也是要 浪漫海邊6號線＜＜＜

自由發揮教學：一個蘿蔔一個坑

　　一旁就是傳說中的「一個蘿蔔一個坑」，正是大量情侶的集散地，不時都有情侶在此互道情愫，閃光指數百分百。通常是只有情侶才會坐在這個坑裡面，現在自由發揮就來示範如何坐在坑裡面。

　　1、同時把屁股放進坑裡。
　　阿達：「非常好！我們卡住了啦？！」
　　伯恩：「太大聲了啦！！！耳朵都聾了啦！！！」
　　※ 切記要輕聲細語。
　　阿達：「嗯！因為有點擠。」
　　伯恩：「有些情侶的體型就跟我們一樣嘛，你怎麼可以勉強人家塞進來哩？！」
　　阿達：「正常一個蘿蔔一個坑的坐法並不是這樣子，肩並肩。」
　　伯恩：「你不要跟我說是面對面！」

　　2、一方把手臂越過對方的肩膀，環抱住他的肩。
　　阿達：「不是。是你，要把你的手，跨過我的肩膀。」
　　阿達：「SEE！」
　　伯恩：「ㄟˊ還真是寬敞耶！」

　　3凝視著對方，可以親吻對方了。
　　伯恩：「你不要真的親下去噢！」
　　阿達：「OK！」但鬍子已經快貼上李伯恩的臉。

　　自由發揮：「如果不是情侶千萬不要同時互看對方。」

西子灣｜高雄市鼓山區蓮海路

6-2旗津港都

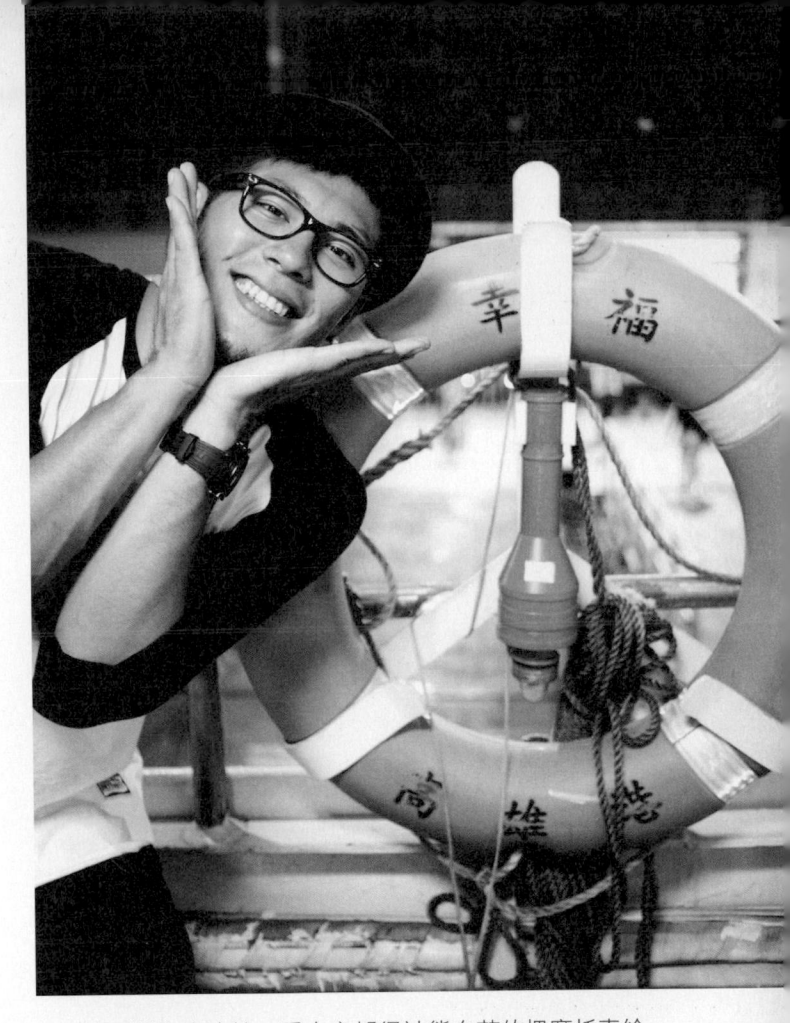

就算單身還是要　浪漫海灘6號線＞＞＞＞

　　來到鼓山坐渡輪，看大家都很神態自若的把摩托車給
騎上去，「所以其實你是坐在摩托車上」，要是只有人沒
有車的話，那就走到樓上的浪漫座位區，「我們去坐在靠
海的位置嘛」，坐著欣賞旗津美麗的夜景，另外還貼心的
分為室內跟戶外區，依照個人喜好來選擇，整路上都風平
浪靜，大概五分鐘左右就到了旗津，屁股都還沒坐熱呢，
真是太快了，兩地往來真是相當方便又快速，夜衝中換個
交通工具，真的是相當舒適。

　　「來到旗津感覺很舒坦。」
　　「海風吹過來相當暢快阿。」
　　「所以沒有摩托車我們只好步行了。」
　　「不，我們有更棒的。」

　　一出旗津輪渡站就可以找到租借自行車的地方，但以自由發揮的體型，當然是選擇腳踏車界的休旅車啦。

　　「我們的車子有加蓋耶。」
　　「很宿席吧。」(台語發音。)
　　「四輪驅動還有菜籃，市面上也相當少見。」
　　「為什麼老太太都走的比我們還快。」
　　「還沒有打到2檔，這台是手排的啦。」

　　我們想到自己有那麼酷炫的車，下一步就是要找個美人來配我們的香車，眼前那位紅衣美女，雖然不施胭脂但風韻猶存，跟班小黃看來也是美人胚子，自由發揮當然不放過。
　　「hi要不搭個便車？很宿席噢。」
　　『呵呵呵呵。』非常靦腆的笑容。
　　「來嘛，坐我們中間。」
　　「可以左擁右抱噢。」
　　美女阿姨人真的非常好，而且相當可愛，一上車就讓我們的車蓬蓬蓬生輝，不斷吸引過路人的目光，讓這段旅程相當開心，當屬自由發揮夜衝之行最浪漫的一段。

　　自由發揮：「飆風三輪車絕對是遊旗津的首選，但千萬別忘了停車位的問題。」

　　為了補足夜衝所耗費的體力，以及為了更長遠的路，來到旗津絕不放過海產，伸展筋骨準備好大快朵頤。當季最新鮮的魚貨都活跳跳的呈現在眼前，蛤蜊還一開一闔的透氣，小氣的蟹老闆正新鮮待宰，鮮蝦肥嫩保滿，嚴選透抽肉質保證彈牙，老闆還細心的跟你介紹推薦，口水就已經攔都攔不住了，等什麼，迅速挑選好立刻進去坐著等阿。

「每道菜都好下飯，這隻是我的啦！」
「鹽酥小捲不愧是招牌，火侯恰到好處，香氣十足，口感酥脆又香甜。」
「光吮指我就可以再配一碗飯了，你夾到我的筷子了。」
「蝦子好鮮甜，我要跟著一起擺尾了。」
「你是吃到神龍吧？！」
「魚真的鮮到我啞口無言。」
「你是吃到黃蓮吧？！」
「好吃到沒時間講話，那塊是我的好不好。」
「評價很高，但價格都蠻實在的。」
「好像很適合打包走，邊夜衝邊吃。」
「根本都沒剩要打包什麼啦。」

　　自由發揮也有疑問，到底為什麼要叫鴨角，明明就沒有賣鴨的任何食物阿，直到飯後老闆跳出來説：「因為，我綽號叫鴨角啦！」答案才揭曉。

鴨角活海產｜高雄市旗津區振興里廟前路22號｜07-571-6325｜10：30～23：30

6-3愛河愛之船

自由發揮幻想在愛河有一艘小船的，一個人負責開船；一個人負責彈奏吉他，用帕華洛地的共鳴發聲，滑開一道水痕，把愛河當作威尼斯看待。

事實上，愛河的夜果真讓人如癡如醉，兩岸璀璨光芒倒影在水面，微風輕拂過波光粼粼，營造出溫順柔美的氛圍，河畔不時傳來音樂相伴，在這個時候登上愛之船，悠悠的滑行在城市中，將沿途美景逐一搜集，那就不枉此行了。

阿達：「我們相當有觀光客的感覺，一直很讚嘆。」
伯恩：「都忍不住跟著岸邊的音樂高歌了。」
阿達：「舒服到有點想睡。」
伯恩：「我們很像夜衝到國外。」
阿達：「這裡相當適合談場短暫的戀愛。」
伯恩：「對象可以不要是你嗎？！」

　　導覽小姐相當親切，用富有磁性及戲劇性的表演方式講解沿途的風景，中途不時穿插趣味問答，或是冷到有阿姨拿出披肩來披的笑話，但她把愛河介紹的淋漓盡致，儼然就是一場精彩的表演，我們都要拍手叫好了，要是哪天她改行當導遊，大家一定都會報名參加。而且無論自由發揮怎麼問些怪問題，導覽小姐都相當有耐心且不亂分寸的回答，隨後在導覽小姐清楚的救生衣教學後，自由發揮忍不住要現學現賣，試圖搶走一些風采。

阿達：「首先，大家看到的是一件橘色的救生衣。」

伯恩：「它是短版的。」

阿達：「立領，無袖的。立領的部分就是屬於比較時尚的部分。」

伯恩：「像他頭這麼大的就要小心一點避免穿不進去。」

阿達：「眼鏡也要記得拿下來。」

伯恩：「線穿過去後在肚子上綁好，遇到這種肚子線就比較容易會太短。」

阿達：「那這個哨子跟手電筒，就是可以在水裡跳電音來求救。」

伯恩：「好只能說剛剛自由發揮說的千萬都不要記得。」

阿達：「但，有了錯誤的示範才能突顯正確的示範好。」

伯恩：「基本上這個船很穩固，所以根本是很難用到。」

阿達：「占據大家浪漫的時間我們是什麼意思。」

伯恩：「怎麼樣？我們是自由發揮。」

6-4大社工業區

　　星際大戰即將展開，就在暗夜的盡頭，這裡完全是另一個世界，就在路燈旁的外牆裡，彷彿正執行著某種秘密計畫，有個祕密組織暗藏其中，讓這裡的深夜依然燈火通明，轟隆隆的機動聲假冒電台點播的rock'n roll，直上雲霄的煙囪不間斷的冒出白煙，試圖隱沒在漆黑的夜空。

　　「我們會不會意外破壞一個秘密計畫，瓦解一個組織。」
　　「非常有可能拯救全世界。」
　　「這很像電影裡政府的秘密部門。」
　　「像是製造變型金剛的地方。」
　　「所以挖土機等等也會變身。」
　　「那些白煙是故意混淆視聽，讓人偵測不到它。」

　　這裡的夜景不是浪漫的氛圍，卻可以擁有許多天馬行空的想像，用眼前的風景編織一個超越現實的夢。

「這是一個讓人有想法的地方。」
「因為不常見，所以充滿了無限可能。」
「沒想到白天我們可能會嫌惡的工業區，夜晚竟然如此美麗。」
「非常有神秘感，具有獨特的魅力。」
「工業區其實也代表了夢想吧，經濟實力的象徵。」
「現在在裡面的人，可能都努力在追尋夢想，或正在受加班的鳥氣。」

　　一整片的工業區，不同的工廠都有不同的風景，不同的高度、不同的光芒，很容易讓人看得入迷。
「要是能夠爬上煙囪看，一定更驚為天人。」
「但我們極有可能被抓走，就會上演吹趕跑跳碰的戲碼。」
「痞子英雄。」
「趙又廷跟仔仔的粉絲會不高興。」
「我們讓我想到化學超男子。」
「是因為我們拍照故意不笑？」
「是因為我們在以工業區為背景的地方咖啡。」
「畢竟機會難得。」

就算單身還是 ... 「6號線」>>

01：56AM

6-5龍兄虎弟蓮池潭

　　半夜來到蓮池潭也有一種毛毛的感覺，大概是因為夜晚與潭合在一起給人的感覺，就是深不見底到無法看清裡面的內容物，充滿詭魅的故事，但只能說是我們不懂閒情雅致，畢竟這邊是山明水秀的景緻，要有錦鯉爭相覓食，層層相疊到要滿出水面的場景，自由發揮應該要用文人雅仕的情緒來面對，提升自身的氣質與涵養阿。

　　「很適合吟首詩。」

　　眼前聳立的龍虎塔看來非常雄偉壯觀，據說從龍口進虎口出會帶來吉祥，夜晚看起來卻有十足的神秘感，威嚇力也十足，站在龍與虎的入口前，好像就吸收了天的精華而變得勇猛起來。塔前的九曲橋曲折綿延，一旦走進就很難脫逃了，可以讓我們交手好幾回，但因為龍虎相爭很難分出勝負，最後只好和平共處，組成一個叫做自由發揮的團體了。
　　「比賽誰最快走完九曲橋。」
　　「這是最高階的折返跑阿！」
　　「可能要能龍騰虎躍才能達成。」
　　「要學會連續甩尾。」
　　「非常值得挑戰。」
　　「那就用這個挑戰迎接日出。」

　　自由發揮：「請衡量夜衝後的體力，以免暴衝掉入潭中。一失成足千古恨阿。」

蓮池潭｜高雄市左營區蓮潭路｜07-5883242

05：01PM｜出火風景區

07：38PM｜墾丁大街

11.3KM

不睡覺不會死的

熱血青春7號線 >>>

如果你選擇這條，需準備的東西可能有：
1 無憂無慮的心情
2 搭訕失敗就重新再來的信心
3 改頭換面的決心（人生絕不悲慘）
4 放鬆的肌肉、放空的腦袋、人來了就好

05：42AM｜風吹沙看日出

03：55AM｜社頂公園尋朵鱗菊吧

02：01AM｜馬的露天酒吧

3.8KM

1KM

05：01PM

7-1出火風景區

出火特別景觀區

奉勸大家無論風雨都可以來出火風景區，因為它的火就跟明教的聖火一樣永遠不會熄，在一旁的告示牌上清楚記載：不能設攤、燒烤！違者應該會有把自己的錢拿去燒的感覺，不過以前是沒有用柵欄圍起來的，現在卻多了一圈矮矮的障礙物，給你一種看的到、吃不到的場面，所以我們很擔憂我們的一大片豬肉跟爆米花……

看到下雨過雨後的泥巴灘在冒泡，我們還以為熱到沸騰了，想說不能爆爆米花的話就來涮白肉片！

「噢！水是冰的！」伯恩雖然深陷泥沼，但還是奮力一摸。所以說並不像溫泉池裡熱的冒泡，而是天然氣找到了自己宣洩的出口，所以說出火風景區跟水火同源原來來自於同源啊！

伯恩：「其實我覺得有點怪噢！那火也不會滅為什麼不讓大家烤個肉？！」

『怕你燙到啦！怕弄髒啦！』

『怕塞滿一窟一窟的人哪還看的到風景？』

『無法收瓦斯費？』

阿達：「我覺得這個是在挑戰人類的劣根性跟法律。」

伯恩：「我覺得應該是因為出火的孔不多，如果民眾都要搶著烤肉，會造成嚴重的紛爭！」

阿達：「原來如此！所以說如果你很想在出火風景區吃爆米花，你就先爆好再來！」

於是我們決定試著將手伸長，跨過矮矮的欄杆讓爆米花恣意爆一下。

伯恩：「它會爆，爆米花都爆走了，它會全部掉在石堆上！」

阿達：「包裝紙整的都燒掉了，這是商業上的瑕疵吧？！要註明在出火使用請自行負責！」

伯恩：「有幾顆剩幾顆阿！我們現在要吃的是焦糖是不是？！」

在我們失敗之後，遙遠的那方有位阿伯從光影中走出來，好像是爆米花神的降臨，我們向他請教爆好爆米花的技巧！原來有那麼多火團，我們卻選了最大的，還隨意的丟在火上，難怪就是一個焦，而且要輕輕的搖晃盤面，只是要能伸到選定的小火花上，可能要的不只是技巧，還要有長長的器具才行，畢竟我們都不是魯夫來著。

不眠城不會死的 熱血青春7號線>>>

「據當地阿伯表示，我們站的地方腳下都有火，也就是無論欄杆內或欄杆外。只要你挖出3米3的洞，你就會有自己的火了！」

「那你就成為了天然氣的大戶！」

伯恩：「但是挖出3米3的洞來，很簡單！你就會葬身火窟！」

「要是旁邊有人抽菸！制止他！」

「ㄟ、阿伯抽得很開心！」

隨後阿伯發出江湖道人的笑聲離去，笑聲盤旋在天際，然後隨著他又隱沒在光影中，我們決定跟隨阿伯看看他從何而來，想不到真是一個祕境，夕陽在鐵網後緩緩下墜，當我們攀在鐵網上時，有種紅葉少棒隊的感覺，好像有一天我們老了，又回去看看我們曾經揮汗過的球場，延展開的草地，那種好球物語的情懷，青春校園的劇情，這畫面真的太美了，令人湧起歲月不饒人的游離感哪，但這個鐵網在這裡真的太到位了，草地與夕陽的搭配也太相融了，除了餘光會瞄見阿伯的摩托車以外，這裡真的美得不像話，像畫不像話。

7-2墾丁大街

繁華熱鬧的街，只有我們兩個是孤單的男人，不免有點傷感，於是我們決定嘗試在大街上搭訕一些女孩，希望能一起共進浪漫的晚餐。沒想到迎面而來的幾個女孩因為停下來拍照，就不小心和我們四目相交了，搭訕這件事也就不能等了，於是我們鼓起勇氣向前。

「HI！妳們吃過晚餐了嗎？」露出溫柔和善的臉。
『我們吃過了。』女孩們異口同聲。
「蛤！直接被打槍！」
「所以晚上有什麼行程嗎？」露出燦爛迷人的笑容。
『拿手鏈跟打麻將。』果斷的說。
「嗯……還是我們來玩一個遊戲，輸的要去彩繪刺青？！」只好退而求其次！
「如果我們輸了我們就在手臂上刺「我以後不在墾丁搭訕女生。」
『我們明天還要去海邊耶，要是我們輸了怎麼辦？！』女孩們驚慌。
「也是一個回憶！」阿達給了很直接的建議。
『什麼爛回憶阿！！！』但，非常不被認同。
連遊戲的機會都沒有，輸得徹底。

　　最後自由發揮只能目送女孩們離開，留下更加落寞的
自己。
　　「我們剛的計畫完全落空！」
　　「我們以為大家來旅遊的時候，心情都會比較放
鬆。」
　　「但因為人家是美女，美女對於看起來比較衰的男生
都會抗拒。」
　　「都帥如李伯恩，胖如我了！還是失敗！」
　　「所以問題是我們？！」
　　「所以大家還是不要嘗試，尤其是穿沙龍的女孩
們。」

　　自由發揮的結論是：自由發揮要在街上搭訕女生真的
不可能！為了懲罰自己，以及留下一個痛心的回憶，自由
發揮要去彩繪刺青！

　　沒想到我們人生的第一個刺青，竟然是因為「搭訕
失敗」，在我們認真商討之後，決定選一個能呼應這次經
驗，又能一眼看出我們是個團體的字樣，最後獲勝的是
「悲」跟「慘」，因為真的太符合我們的現況了。

　　「其實可以的話我想要刺精忠報國的。」
　　「或是反清復明，但還要脫鞋刺腳底，大家也看不
見。」
　　「很痛是不是？你是刮骨療傷嗎？」阿達很擔憂。
　　「悲」刺完後效果出奇，感覺真的很悲很悲。
　　「講實在的我真的蠻緊張的！」
　　「阿達不要怕，我陪你！」

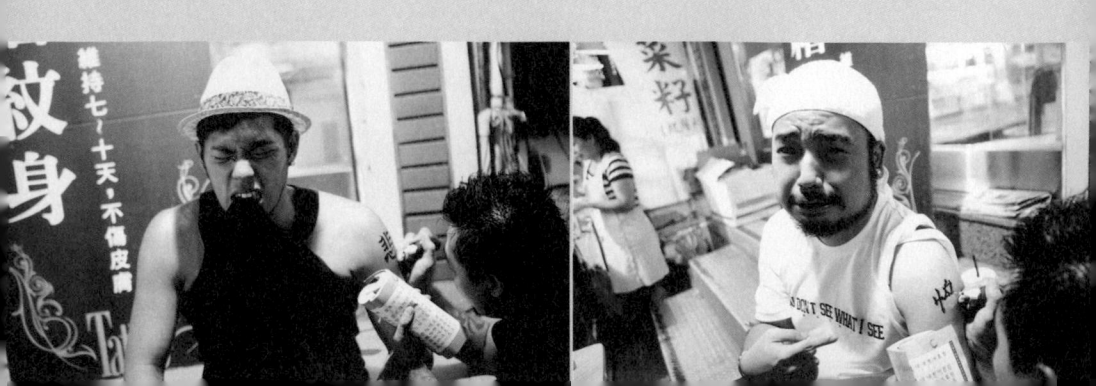

　　其實彩繪刺青完全不會痛，還有一種香香的味道，可以持續五天到一個禮拜，加上是植物性的油墨，所以不用擔心會對皮膚過敏，只是刺完四十分鐘內不要碰到，不然連悲慘都糊掉也太悲慘了！刺青好像能強化一種力量，可作為一種寄託一種信仰，只是我們絕對不會想要「悲」跟「慘」是一個持久的記憶，只希望避邪的成分多一點，能讓「悲」跟「慘」退散。

　　仔細想想，也可拿來奉勸各位，如果你想要連續夜衝，把所有行程都走完？！那自由發揮就可以送你兩個字「悲慘」！

　　夜衝一定要記得隨時補充精力，看見大街上的烤生
蠔，那就快坐下來好好品嘗。來自東港新鮮的生蠔，放在
炭火上微烤，湯汁不斷翻滾出小泡，從外殼的隙縫透出，
一剝開，立刻聽見來自海的聲音，吸一口鮮甜美味立刻佔
據了你的味蕾，重點是，身、心都覺得立刻加滿熱血，又
是一條活龍！

接著自由發揮來到魯味店，總覺得要擔負起幫店家招攬生意的重任，於是決定無償的幫店家叫賣。

「來，百頁豆腐稱斤的噢！」穿黑色吊嘎叫賣很有感覺。

「三件一百，三件一百噢！」蓄鬍的也很有老闆架勢。

「來看看噢！裡面挑裡面坐噢！」

「那個鑫鑫腸可以無線上網噢、花椰菜可以藍芽後。」

「走過路過千萬不要錯過噢！大手牽小手，齊心往裡走！」

「腐皮特價七十五元！」

「香菇一朵一六八，祝你一路發。」

只能說夜衝到頭腦都昏頭了，所以聽到夜衝人等叫賣千萬不要相信。

12：01AM

7-3馬的露天酒巴

深夜墾丁一片漆黑，只剩綿延的路燈指引出一條昏黃的馬路，經過墾丁路不難發現路邊有個小酒吧，很隨意的做起生意，好像大家都寧靜的睡了，只剩這個行動酒吧還醒著。

「馬的吧子行動吧」是一個希望大家可以開心玩樂，忘掉憂愁的地方！來到這裡彷彿就能感受到一種暢快感，恣意放鬆心情的歸屬感。馬的老闆渾身都是經典，有趣又可愛的特質讓大家都對馬的行動吧相當著迷，老闆曾經溜滑板環島一周，放在一旁的滑板及迷你腳踏車也是老闆的最愛，隨時提供給顧客挑戰，要是挑戰成功便可以得到一杯特調飲料，自由發揮雖有不敗的精神，但只能說屁股放在那麼小的坐墊上真的很痛，痛到隔天都覺得股溝裂縫都瘀青了！

「我屁股一定瘀青了啦！」

　　自由發揮在這裡玩得很開心，脫掉鞋子在馬路上漫步，手拿烏克麗麗唱幾首歌來聽聽，或是跟著旋律跳個舞阿，在這裡就是一個童心未泯，跟沒有丟臉沒有煩惱的地方阿！要繼續夜衝下去的朋友們，只能選擇沒有酒精的飲料飲用噢！畢竟安全才是上上之道！

秘密埔頂路

　　一直往鵝鑾鼻的方向走有一條埔頂路，左轉往山裡走去非常適合看夜景，彷彿走進了暗夜的秘密基地，一整片隨風而起的草地，有一種會有飛碟降落的感覺，應該說是在拍MV吧？！周圍被草原包圍，往山下眺望是月光折射的海面，抬頭是星光點點，這不就是拍MV的最佳場景嗎？！

「但是這裡雖美卻危機重重！」
「為什麼呢？」
「在馬路的旁邊有草堆，當你想要往前再走兩步的時候，你就跳入了愛的陷阱！」
「這真的是愛嗎？我覺得很邪惡！」
「這是一圈一圈的蛇籠，也許它是擔心我們掉下去。」
「基於愛，還是建議大家一定要帶手電筒！務必！」

7-4社頂公園尋魔鬼花

　　自由發揮無意間發現一種花，竟然有種浪漫的特性，堪稱花界的瓊瑤。它總在夜晚的時候開花，卻在天亮的時候凋零，如此曇花一現，我們想不透這是杜撰的故事，還是真是如此。怎麼會有花盛開的時候如此美麗，像煙火爆發後凍結的瞬間，一絲一絲、一縷一縷的綻放，但生命同時也像煙火般短暫，我們決定要好好一探究竟，這也圓了自由發揮當冒險節目主持人的心願。

　　根據可靠消息指出此花名為「棋盤腳」，不論是在海岸林或是旁邊的珊瑚礁上，恆春半島、蘭嶼海邊都可以看見棋盤腳的蹤影，它是海岸林裡最高大，也是最醒目的植物。在取得可靠消息及一張拍立得的相片後，費話不多說，立刻出發！
　　自由發揮沿著山路來到社頂公園。

　　「一片黑的時候來找花，怎麼有種陰森森的感覺？！」
　　「手電筒找花都不知道還會找到什麼！！」

　　除了用時速20的速度前進之外，自由發揮也採步行尋找的方式。
　　「這個！葉子很像但近看還是不是。」
　　「怎麼搞得有點狼狽。」
　　「這樣才有冒險的感覺阿！」

　　找不到？！那就用問的，只是問了許多在地的朋友，得到的答案都是『那邊很多阿！前面那邊就有啦！』
　　「大家都說到處都有，那為什麼我們就是找不到！」

　　還以為得來全不費工夫，但自由發揮就是找不到！這是什麼道理，我們幾乎走遍整個社頂公園，上山又下山，就像找犯人一樣，用拍立得一棵植物一棵植物的比對，但就像鬼遮眼一樣，找不到就是找不到！

　　「深呼吸、揉一下眼睛再看一次！」
　　「我早就不停深呼吸根揉眼睛了！」

「難道只有墾丁人才看的到嗎？」
「怎麼可能？！我感覺就在我們身邊阿！太恐怖了！」

　　我們不禁開始懷疑自己的眼力及判斷能力，這種找不到的心情，就像在漆黑的大海裡撈一根針一樣，最後只好精疲力竭的來到墾丁警察局，看到了令我們鬼迷心竅的棋盤腳，而它也如大家所言，在清晨的時候枯萎掉落，我們忍不住捧起地上的殘花，竟然有熱淚盈眶的衝動。

　　真是如此謎樣的花朵，雖然我們期待的是在社頂公園看到它，但只能說我們沒有緣份，而且我們的眼睛跟墾丁人不太相同，自由發揮的第一次任務，只好用眼睛不好做結尾。

自由發揮教學時間：棋盤腳為什麼叫棋盤腳呢？

因為棋盤腳由基部看來就像是方形的棋盤一樣。棋盤腳的果實，是陀螺形的形狀，末端尖尖、基部方方，側面看起來，就像有稜有角的肉粽，所以被戲稱為「墾丁肉粽」或是「恆春大肉粽」，想到都餓了。

棋盤腳樹屬玉蕊科，為常綠大喬木，葉為倒卵形或橢圓形，互生而聚於枝端、革質、深綠而光滑；它粉紅色的花常在傍晚伸展其內折的花絲，花藥也同時開裂，在這段時間內完成自花授粉。花絲大概在下午七點伸直，隨後盛放，隔天清晨雄蕊與花瓣不經枯萎即掉落。

蘭嶼的原住民認為，棋盤腳夜裡開花，於是視之為「魔鬼花」。

※要跟隨自由發揮冒險的腳步嗎？！請記得攜帶防蚊液，不需要別的，一定要防蚊液！

7-5風吹沙看日出

不睡覺不會死的　熱血青春7號線＞＞＞

夜衝後的清晨會感到頭重腳輕，還是適合找個地方放空一下，我們來到風吹沙望著一片海，原本紛亂的思緒立刻就安靜了下來，看那海面波光倒影出另一個世界，潮起潮落堆疊出的浪花打在礁石上，世界好像按了靜音，一切都顯得和緩平靜，隨著時間逐漸乍現的亮光，日出，真的是精神的特效藥，讓自由發揮又活了起來，又跑又跳一點都不像是整夜沒睡的人阿。

「日出真的好美！」

「瞬間感到活力百倍，自由發揮可以一直衝下去！」

不睡覺不會死的　熱血青春7號線 >>>

「夜衝就是一種先苦後甘的感覺！就像現在年輕人有時無法吃苦耐勞，但是在夜衝的過程中可以讓我們感受到！經過了一個晚上的很辛苦！終於可以看到天亮的感覺，也就是一種倒吃甘蔗，越吃越甜的FU阿！！」晚上不知道要做什麼？！那就睡覺吧！！！」

阿達：「怎麼跟re的不太一樣？！」
伯恩：「那不然晚上不睡覺要幹嘛？！」
阿達：「哦！好像真的只能睡覺……」

『睡覺是夜衝的最高境界？！』

阿達：「哦！！所以我們教大家的黃金夜衝是……」
伯恩：「黃金夜衝就是我們衝到小琉球睡覺？！」

隱藏版
黃金夜衝8號線 >>>

自由發揮在小琉球究竟發生了什麼事？

特別感謝＞＞＞
北部線＞胡大哥、念億、阿迪哥、彪、Mo、Fei、
　　　　星聚點、阿妹茶樓＞＞＞
中部線＞阿寶、小魚及他們的友人＞＞＞
南部線＞腫達、小樹、土豆、洗心館、山根壽司、花園夜市、
　　　　馬的老闆阿甘、 讓自由發揮白吃白喝的民眾、一品滷味＞＞＞
不分線＞一路上所有協助過這本書的人＞＞＞

＞＞＞愛旅行37
＞＞＞夜衝：説走就走，一起玩到天亮吧！

作　　者＞自由發揮（李伯恩、昌璟翔）＞＞＞發行人＞陳韋竹＞＞＞
總編輯＞嚴玉鳳＞＞＞主編＞董秉哲＞＞＞編輯＞李育萍＞＞＞美術編輯＞楊荏因＞＞＞
行銷企劃＞許雅婷＞＞＞廣告企劃＞林家群＞＞＞製作協力＞林宛瑤＞＞＞
攝　　影＞林家榆＞＞＞藝人經紀＞環球國際唱片、跳蛋工廠＞＞＞
法律顧問＞志律法律事務所　吳志勇律師＞＞＞
出版者＞凱特文化創意股份有限公司＞＞＞地址＞台北縣土城市明德路二段149號2樓＞＞＞
電話＞（02）2263-3878＞＞＞傳真＞（02）2263-3845＞＞＞
劃撥帳號＞50026207凱特文化創意股份有限公司＞＞＞
讀者信箱＞service.kate@gmail.com＞＞＞
凱特文化部落格＞http://blog.pixnet.net/katebook＞＞＞

經銷＞聯合發行股份有限公司＞＞＞負責人＞陳日陞＞＞＞
地址＞231臺北縣新店市寶橋路235巷6弄6號2樓＞＞＞
電話＞(02)2917-8022＞＞＞傳真＞(02)2915-6275＞＞＞

初版＞2010年10月＞＞＞定價＞299元＞＞＞

K 凱特文化 讀者回函

敬愛的讀者您好：
感謝您購買本書，只要填
妥此卡，發表對夜衝（或
自由發揮）的喜愛，並提
供夜衝私密路線，寄回凱
特文化出版社，即有機會
獲得飛鳥牌安全帽一頂！

本產品以歐洲風格為設計為主軸，圖案中加入
機械構造營造出粗獷中也有精細的一面。
市價2000元

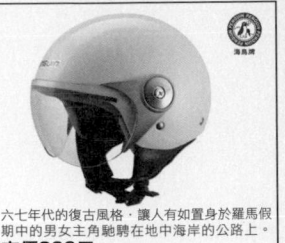

六七年代的復古風格，讓人有如置身於羅馬假
期中的男女主角馳騁在地中海岸的公路上。
市價800元

您所購買的書名：**夜衝：說走就走，一起玩到天亮吧！**

姓名：＿＿＿＿＿＿＿＿＿＿＿＿＿＿＿＿＿＿＿＿＿性別：□男□女

出生日期：＿＿＿＿＿年＿＿＿＿月＿＿＿＿日　年齡：＿＿＿＿

電話：＿＿＿＿＿＿＿＿＿＿＿＿＿＿＿＿＿＿＿＿＿＿＿＿＿＿

地址：＿＿＿＿＿＿＿＿＿＿＿＿＿＿＿＿＿＿＿＿＿＿＿＿＿＿

E-mail：＿＿＿＿＿＿＿＿＿＿＿＿＿＿＿＿＿＿＿＿＿＿＿＿

＿＿＿＿　學歷：1. 高中及高中以下　2. 專科與大學　3. 研究所以上

＿＿＿＿　職業：1. 學生　　2. 軍警公教　3. 商　　　4. 服務業
　　　　　　　　5. 資訊業　6. 傳播業　　7. 自由業　8. 其他

＿＿＿＿　您從何處獲知本書：1. 逛書店　　2. 報紙廣告　3. 電視廣告
　　　　　　　　　　　　　　4. 雜誌廣告　5. 新聞報導　6. 親友介紹
　　　　　　　　　　　　　　7. 公車廣告　8. 廣播節目　9. 書訊
　　　　　　　　　　　　　　10. 廣告回函　11. 其他

＿＿＿＿　您從何處購買本書：1. 金石堂　2. 誠品　3. 博客來　4. 其他

＿＿＿＿　閱讀興趣：1. 財經企管　2. 心理勵志　3. 教育學習　4. 社會人文
　　　　　　　　　　5. 自然科學　6. 文學　　　7. 音樂藝術　8. 傳記
　　　　　　　　　　9. 養身保健　10. 學術評論　11. 文化研究　12. 小說
　　　　　　　　　　13. 漫畫

熱血沸騰的你／妳最愛哪一條路線？＿＿＿＿＿＿＿＿＿＿＿＿＿＿＿＿＿

這8條路線都不夠看，我要提供私密路線：＿＿＿＿＿＿＿＿＿＿＿＿＿＿
＿＿＿＿＿＿＿＿＿＿＿＿＿＿＿＿＿＿＿＿＿＿＿＿＿＿＿＿＿＿＿＿
＿＿＿＿＿＿＿＿＿＿＿＿＿＿＿＿＿＿＿＿＿＿＿＿＿＿＿＿＿＿＿＿
＿＿＿＿＿＿＿＿＿＿＿＿＿＿＿＿＿＿＿＿＿＿＿＿＿＿＿＿＿＿＿＿
＿＿＿＿＿＿＿＿＿＿＿＿＿＿＿＿＿＿＿＿＿＿＿＿＿＿＿＿＿＿＿＿
＿＿＿＿＿＿＿＿＿＿＿＿＿＿＿＿＿＿＿＿＿＿＿＿＿＿＿＿＿＿＿＿

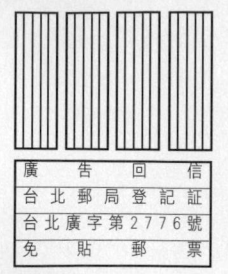

廣　告　回　信
台　北　郵　局　登　記　証
台　北　廣　字　第　2776　號
免　貼　郵　票

台北縣236土城市明德路二段149號2樓

凱特文化　收

姓名：

地址：

電話：

夜衝：說走就走，一起玩到天亮吧！／李伯恩，阿達（昌璟翔）
著；--初版─台北縣土城市：
凱特文化創意；2010.10 面；公分.--（愛旅行；37）
ISBN 978-986-6175-07-7（平裝）
733.6

99018317